教師のための教育学シリーズ ②

教師のための教育学シリーズ編集委員会　監修

教育の哲学・歴史

古屋恵太

編著

EDUCATIONAL STUDIES FOR TEACHERS SERIES

学文社

執 筆 者

＊**古屋 恵太** 東京学芸大学教育学部准教授……………第1章，第7章，コラム（第7章）

小山 裕樹 聖心女子大学現代教養学部准教授………………………コラム（第1章）

村松 灯 帝京大学理工学部講師……………………………………………第2章

間篠 剛留 日本大学文理学部准教授………………第3章，第8章，コラム（第9章）

米津 美香 奈良女子大学教育システム研究開発センター研究員………………第4章

山田真由美 北海道教育大学教育学部札幌校准教授…第5章，コラム（第4章，第5章）

原 圭寛 昭和音楽大学短期大学部専任講師……………………………………第6章

矢田 訓子 東京音楽大学教職課程准教授…………………………………………第9章

(執筆順，＊は編者)

導入—本書のねらいとその背景について

　本書は，教育職員免許法施行規則が定める「**教育の理念並びに教育に関する歴史及び思想**」に該当する授業（一般的には大学で，「教育原理」，「教育学概論」等の名称で，東京学芸大学では「教育の理念と歴史」という名称で行われている授業，以下，原理系科目と総称）のための教科書であり，また，そうした授業で学ぶ知識をもとに発展的に研究を進める学生・院生・教員のための基礎文献となることを目指した教科書である。

　本書は，学文社「教師のための教育学シリーズ」全12巻のうちの一冊として刊行される。このシリーズは，**教員養成と教育学研究の双方にともに資することを目的**として，教員養成系大学であり，かつ，「学芸」を重んじる東京学芸大学の教員によって企画されたものである。このため，このシリーズはどの巻も共通して，1. 優れた専門性と指導力を備えた教師として必要とされる学校教育に関する知識を教育学の理論や知見に基づいてわかりやすく解説すること，2. 単なる概説ではなく，現代的な課題，発展的・専門的内容など先導的内容も扱うこと，3. 教育学の基礎理論に加え，最新の理論も取り込み，理論と実践の往還を図ること，以上三点を特徴としている。ただし，もちろん，各巻ごとの違いもある。本書『教育の哲学・歴史』は，上記三点の特徴を備えつつ，これに加えて，教育の哲学と歴史を扱うための独自のねらいをもっている。以下に，本書を用いて行われる大学の授業のいわば導入として，このねらいと，併せて，そのねらいの背景となっている出来事について説明しておきたい。

1. 原理系科目の授業を実りあるものとするために

　本書は原理系科目の授業で用いられることを前提としているため，「教育

の理念並びに教育に関する歴史及び思想」で掲げられた目標を満たすように書かれている。その目標とは，読者として想定されている学生・院生・教員の皆さんが，**1．教育の基礎的概念を理解すること，2．教育の理念を知り，それが教育の歴史や思想として，どのように現れてきたかを理解すること，3．これまでの教育や学校の営みがどのように捉えられてきたか，その変遷はどのようなものであったかを理解すること**である。では，本書は，教育の基礎的概念をまず示し，その後で教育の理念を体現している歴史的出来事や思想を歴史的順序に従って並べてあるような従来型の原理系教科書であるのかというと，そうではない。本書の活用法にかかわることでもあるので，このことについても説明しておきたい。

　本書の執筆陣は，大学の研究者としては若い人たちから構成されている。もちろん，若いといっても，教育哲学会，教育思想史学会といった，教育の哲学と歴史の研究にかかわる学会で査読者に認められた論文（審査の結果，認められた論文）が学会誌に掲載されたことのある者ばかりである。学会での受賞経験のある者も複数含まれている。本書の執筆陣，すなわち，私たちは，本書の企画段階から，『教育の哲学・歴史』というタイトルで，どのような教科書を書いたらよいかということについて研究会を行って検討してきた。大学で原理系科目を受講した記憶が比較的新しい若い執筆陣が共通して述べた意見は，原理系科目の授業の問題点だった。それはたとえば次のようなものである。1．歴史的出来事や思想家の名前を単に覚えさせる授業では，授業が終われば学生はすぐにその内容を忘れてしまい，授業の意味がないこと。2．過去の出来事や思想を古い方から現代へと歴史的順序に従って並べるだけでは，それらのことを現代に生きる学生たちが学ぶ意味は学生には理解できないこと。3．教科書指定がされるため，学生は購入せざるをえないにもかかわらず，実際の授業では，多くの場合，指定された原理系科目の教科書が充分に活用されないこと。

　以上のような問題点を背景として，これらの問題点を解決する教科書を作成することが本書の企画のねらいとされ，執筆陣による議論の結果，本書には次のような工夫が施された。

1．章のタイトルは，歴史的出来事や思想家の名前にせず，その授業回で考えてほしい大きな問いを学生に投げかけるトピック形式とすること。

　2．歴史的順序で章の構成を行わず，原理系科目で必要とされる内容を考察して抽出し，それを分類することで，有機的な章の構成・配列を行うこと。また，それぞれの章の内容と現代教育，現代の教育課題とのかかわりを示すこと。

　3．実際の授業で活用できる教科書とするために，学生が次の授業回に該当する章を予習段階で読んでくることを前提とし，当日の授業で学生相互のディスカッションやグループワークを可能とするような問いを章末に（「考えてみよう」の項目として）設定すること。すなわち，参加型授業を実現する「主題」を提示する教材として，各章全体を構想すること。

　ただし，トピック形式を採用する場合の弱点は，各章に登場する歴史的出来事や思想家相互の時間的（通時的）関係が読者の頭のなかで混乱してしまう可能性があることである。そこで，本書の末尾に**登場人物（教育思想家・実践家）および事項に関する一覧年表**を設け，各章で説明される出来事と思想の歴史的順序が整理できるようにも努めた。適宜参照していただければと考える。

　また，以上のような本書の工夫がなされた背景には，現在の教員養成系大学の改革の支配的潮流が「理論」と「実践」とを分けたうえで，「実践」を重視する傾向にあると言われていることへの批判意識も存在する。現実問題として，原理系科目や教育哲学，教育思想史の授業は「理論」に位置づけられ，現在の教員養成課程では軽視されてしまっている。教職大学院で院生に教育哲学を学ぶ機会を与えることが許されるかを考えてみれば，このことはすぐにわかるだろう。しかし，原理系科目を軽視したり，大学院から排除したりすれば，教育という営みそのものに関する説明もできなければ，その豊かさも理解できない教員を産み出すばかりではないかと懸念せざるをえない。原理系科目をおざなりの暗記ですませてきた人が，教育をサービス業と同一視する保護者に出会ったときに，教育という営みの独自性を説明できるだろうか。教育を子どもの統制だと考え，洗脳やマインドコントロールと教育を

iii

同一視して，それを「実践的指導力」だと誤解しているような教育者に出会ったときに，それが誤りだと論拠をもって示すことができるだろうか。原理系科目の軽視は，このような驚くほど，根本的・基本的なところから，現代日本の教育の足元を揺るがすことになりかねない。

　さらに，現代日本の教育に取り組む際に，過去の思想や歴史的出来事を役立てるという当たり前のこともできなくなってしまう。たとえば，現在，学校教育では，競争から協働へといった改革の流れがあるが，教育の哲学と歴史を学んでいる人であれば，このような標語で改革が謳われるのははじめてではないこと，したがって，こうした改革の動きを賛美するだけに終わってはならず，過去に学んだ批判的な検討も必要であることが理解できているはずである。これまでの原理系科目の授業が問題を抱えていたにもかかわらず，それに向き合わずにきたことにも，必要なはずの原理系科目が軽視されるにいたった原因があるのだとしたら，本書はそれと向き合い，その克服に向かおうとするねらいももつものなのである。読者となる学生・院生・教員の皆さんには，原理系科目は歴史的出来事や思想家の名前を暗記するだけの授業ではないこと，自分自身が行う（こととなる）教育の土台を作ったり，土台となってきた考えを問い直したりする必須の活動の場であることをまず理解しておいてほしいと考える。

2. 教職課程コアカリキュラムとのかかわり

　教職課程の授業用教科書として刊行される本書は，2016（平成28）年8月に文部科学省に設置された「教職課程コアカリキュラムの在り方に関する検討会」における議論を念頭に置いている。編者である古屋は，この検討会のもとで実務を行うワーキンググループとして2016（平成28）年12月に設置された「教職課程の目標設定に関するワーキンググループ」の委員の一人として，教職課程の授業の目標設定を行う作業を担当してきた。教職課程コアカリキュラムで目指されていることは，「教職課程の各事項について，当該

事項を履修することによって学生が修得する資質能力を『全体目標』，全体目標を内容のまとまり毎に分化させた『一般目標』，学生が一般目標に到達するために達成すべき個々の規準を『到達目標』として表すこと」（「教職課程コアカリキュラム作成の背景と考え方」より引用。）である。本書にかかわることとしては，「教育の理念並びに教育に関する歴史及び思想」の「全体目標」，「一般目標」，「到達目標」を検討して示すことがその仕事ということになる。

　本書の企画・執筆と同ワーキンググループの作業が主に行われた時期が重なっていたため，各種目標が本書の内容と対応することを，編者である古屋は確認しながら編集作業を行った。教職課程コアカリキュラムについては，教職課程で教えられる目標と内容を，教育現場である大学等に対して，国が外側から強制するものであるように見えるかもしれない。しかし，少なくとも「教育の理念並びに教育に関する歴史及び思想」に関する限り，それは事実とは異なっている。目標設定を行うための作業は，諸大学の現行の授業シラバスを大量に収集し，それを分析するというものだったからである。つまり，原理系科目についていえば，現在，各大学で行われている原理系科目が掲げている目標と教えられている内容をもとに，その共通項をコアとして抽出するというものだった。したがって，目標設定がされることによって，これまでとは違う授業が求められるということは論理的にありえないということになる。

　また，原理系科目についていえば，目標設定は授業全体の三分の二程度を目安としているため，「教職課程コアカリキュラム作成の背景と考え方」でも示されている通り，「地域や学校現場のニーズに対応した教育内容や，大学の自主性や独自性を発揮した教育内容を修得させることが当然である」。目標は授業1回につき，一つというようには設計されていない。「目標の数が大学における授業科目の単位数や授業回数等を縛るものではない」と書かれている通りである。

　本書の目次をご覧になり，その内容を一読していただければわかるように，本書も，これに対応し，第1回目を導入（授業概説）とした14章構成をとっていない。実際の授業を構成する教材であるためには，大学教員の全15回

の授業をすべて規定してしまう導入（授業概説）プラス14章の構成は望ましくないと考えられるからである。本書は，執筆陣で行った検討の結果，**学校について考える**第Ⅰ部，**教育対象について考える**第Ⅱ部，**教育実践について考える**第Ⅲ部から成る三部構成となっている。各部に3章を配して，章相互の有機的連関にも配慮した。さらに，分量や有機的連関，内容のバランス等の理由から章としては盛り込めない内容については，コラムを作ることとし，5つのコラムを設けることとなった。そのうえで，編者である古屋が，「教育の理念並びに教育に関する歴史及び思想」の「全体目標」，「一般目標」，「到達目標」との対応関係を検討し，必要に応じ，内容の補足を行ったり，執筆陣に加筆を行ったりしてもらった。9章構成となっているので，一回の授業で各1章を当てるとしても，9回分である。導入（授業概説）を除く残りの5回は，大学や大学の属する地域の特性，授業担当者の専門を活かした授業ができるように設計した。コラムは残りの5回のための資料にも，9回の授業に組み込むようにも使用できると考えている。全体の構成，各章の内容を読んでいただければ，教職課程コアカリキュラムのもとでもいくらでも創造的な授業ができることを理解していただけるものと期待している（なお，教職課程コアカリキュラムに関する以上の考えは，編者である古屋のものである）。

　これらのことは，主に授業担当者となる大学教員にのみ関係する話のように感じられるかもしれない。しかし，読者となる学生・院生・教員の皆さんも，ぜひ，教職課程コアカリキュラムで提示されている目標や各授業で提示されている授業のねらいや目標に目を通して授業に臨んでもらいたいと思う。教職課程では，コンピテンシー（授業への参加を通して何ができるようになるかを示したもの）を中心として，きちんとその授業の目標が定められている。目標を超えた学びが生じることが授業の醍醐味であることは事実である。しかし，大学教員が目標をもたず，漫然と授業をすることも，受講生である学生・院生・教員が授業の目標も知らず，自分自身の目的意識ももたずに漫然と授業を受けることも，どちらもお互いに望まないだろう。ともに授業を創る参加者となるために，どのような目標が設定されているのかは知っておいてもらいたい。そして，そのうえで，それと受講生である学生・院生・教員

の独自な目的意識の化学反応として何が生じたのか，大いに大学教員と語り合い，共有してもらいたいと思う。

　本書が授業の一部を成す生きた教材となり，受講生である学生・院生・教員の教育学的知見と教育を豊かにするものとなることを願ってやまない。また，本書を通して，教職課程における原理系科目の意義をめぐる議論がこれまで以上に活性化することを期待している。最後に，本書の作成にあたり，編集を担当してくださった学文社の落合絵理さんに心からお礼を申し上げたい。柔軟かつ鋭い，丁寧な編集作業はもちろんのこと，教育哲学が教職課程で重要な役割を果たしているという信念を共有してくださっている落合さんの励ましがなければ，本書のような挑戦はできなかったと考えられるからである。

2017 年 8 月 6 日

第 2 巻編者　古屋　恵太

目　次

第Ⅰ部　学校について考える

第1章　なぜみんな学校へ行くのか？ ……………………………………2

第1節　教育と学校教育　2

第2節　近代公教育制度の成立とその背景にある理念（思想）　5

第3節　近代教育思想における他律と自律　11

第4節　道具としての理性，効率化としての理性に対する批判　14

第2章　学校は誰のためのものなのか？ ……………………………24

第1節　三つの答え　24

第2節　「国民の教育権」対「国家の教育権」　28

第3節　新しい「公共性」のほうへ　33

第4節　結びに代えて　39

第3章　学校で何を学ぶのか／学んでしまうのか？ ……………42

第1節　教室内の生活とかくれたカリキュラム　43

第2節　学校は無色透明でも中立でもない　46

第3節　権力への自発的な服従　52

第4節　学校化　54

第5節　教育に関する二つのパラドックス　56

目 次

第II部　教育対象について考える

第4章　「子ども」とは何か？ ……………………………………………… 64

第1節　子どもをどのような存在としてとらえるか　64

第2節　「小さな大人」としての子ども　67

第3節　子どもの発見　70

第4節　恵まれない子どもへのまなざしと幼稚園の誕生　71

第5節　「遊び」論の展開　78

第6節　子ども観と教育　80

第7節　現代に生きる子ども　82

第5章　成熟するとはどのようなことか？ ……………………………… 87

第1節　生物学的過程としての成熟　87

第2節　獲得的過程としての発達　92

第3節　発達・教育・学習　96

第4節　発達を乗り越える視座としての生成　99

第5節　成熟するとはどのようなことか？　104

第6章　「役に立たないこと」を学ぶ意味とは何か？ ………………… 107

第1節　「教養」とは何か？　107

第2節　前近代におけるリベラル・アーツ　110

第3節　近代以降のリベラル・アーツ　114

第4節　「知識」そのものか，「知識」を得る過程か？　119

第III部　教育実践について考える

第7章　子どもにどうやって教えるのか？ …………………………… 128

第1節　教育を成立させる「手段・媒介」　128

ix

日　次

第2節　「表象」に基づく教育　129
第3節　「経験」に基づく教育　136
第4節　現代教育学の動向と世界の実演　142

第8章　学校教育は子どもの生とどのようにかかわるか？　148

第1節　子どもの問いから考える　148
第2節　近代学校教育の成立と子どもの生活の変化　149
第3節　戦後教育改革と社会科　152
第4節　戦後の教育実践に学ぶ　157
第5節　現代の教育を考える　163
第6節　子どもの生に向き合うことでオルタナティヴを構想する　165

第9章　子どもは何を学ぶのか？　168

第1節　学習指導要領と戦後　168
第2節　学力と産業化社会　174
第3節　生きる力とポスト産業化社会　177
第4節　そして子どもは何を学ぶのか？　183

登場人物（教育思想家・実践家）および事項に関する一覧年表　187
索　引　193

Column

▶ 教師の腕をどう磨く？──ヘルバルトの教育学　23
▶ 江戸時代における庶民の学び　86
▶ 教育の歴史観　106
▶ 新教育運動の思想家・実践家たち　147
▶ ケアと教育の問い直し　186

第Ⅰ部

学校について考える

第1章

なぜみんな学校へ行くのか？

● **本章のねらい** ●

　なぜみんな学校へ行くのか，という問いに対して，最もよく聞かれる答え
は「義務教育だから」というものである。しかし，ではなぜ，子どもに教育
を受けさせることが親の義務なのか。このことを考えるために，本章では，
学校という形で公教育制度が成立した近代という時代とその時代を支えた理
念（思想）に注目する。そうすることで，すべての国民に等しく教育を保証す
るという理念（思想）と，すべての国民に理性を見出し，理性を正しく用いる
自律した存在へと育てたいという理念（思想）にたどりつく。近代公教育制度
の歴史的成立と，その背景にある理念（思想）を理解できるようになること，
また，それが現代の教育の課題とも結びついていると考えられるようになる
ことが本章のねらいである。

第1節　教育と学校教育

　学校は教育の場である。だから，学校について問うためには，その前にま
ず，教育とは何かを確認しておく必要がある。『教育思想事典』によれば，「教
育」とは「ヒトに生まれながらには備わっていない能力を身につけさせよう
とする行為（作用），またはその結果」である。ヒトの生存に必要とされる知
識，技能，思考力などの能力が獲得されることが「学習」であり，「教育」
は「学習を促し助成する作用」だとされている（原 2000: 127）。後天的に知識，

技能や能力を身につけさせることが教育であるとしたら，一般的に，教育には，意図的・計画的にそれを達成する場合と，無意図的・非計画的にそれが達成される場合があるといえる。前者は意図的教育と呼ばれる。その代表が学校教育である。学校では，教育目標のもとで意図的・計画的，さらには組織的に教育が行われる[1]。

　後者は無意図的教育と呼ばれる。幼児を保護し，しつけを行う家庭での教育（養育）の多くの場合や，地域やその他の特定の集団に（子どもに限らず）人が参加して，その地域や集団に同化する場合（社会化）がそうである。その根本といえる事例は，前近代の共同体型の社会で日々生活することを通して，自然に行われている教育である。前近代の共同体の子どもたちにとって，日々生活することは，家族やその家族が一部を成している共同体を維持するための労働を主に行うことであり，その労働の過程（での親や共同体の年長者とのかかわり）が，そのままその共同体で必要とされる知識，技能や能力を身につけることだったからである。徒弟制のもとでの教育もこれに該当するといえるだろう。つまり，教育とは，霊長類ヒト科のヒトが生存のために必要とされる知識，技能や能力を身につけて，「人」となることであるが，ヒトが「人」となることができるのは，ある社会の文化へと参加するからだということを，無意図的教育は思い出させてくれる。その意味では，教育について考えようとするときに，すぐに近代以降に登場した学校を思い浮かべ，教科の専門的知識の伝達として教育を説明しようとするのは，教育に対する自らの視野を狭めることになってしまっているということになる。

　学校教育に限定されない広義の教育とは何かということを，二人の教育学者が述べたことを例として挙げることでまとめておこう。近代の教育思想家・実践家であるジョン・デューイ（John Dewey, 1859-1952）は，教育を生命の連続という観点から説明する。個人の生命が環境との相互作用を通して，絶えず自己を更新しながら維持する過程であるのと同じように，社会の生命は教育を通して自己を更新して維持しているのだとデューイはいう。「一人ひとりの個人，すなわちその集団の生活経験の担い手である各単位は，やがては死に去っていく。それでも集団の生命は持続するのである。社会集団を構成

第Ⅰ部　学校について考える

する各成員が生まれ，そして死ぬという根本的な不可避の事実が教育の必要を決定するのである。」（デューイ 1975: 13）。個体が新陳代謝や呼吸，栄養摂取などで自己の生命を持続させているように，社会はその構成員が死に去る前に次の世代を生殖によって残すばかりでなく，次の世代を教育することによってはじめて社会を持続させているとデューイは述べている。教育とは社会の生命の存続を賭けた重大な営みなのである。

　戦後日本の教育学者である大田堯も，「教育というものを何よりも人間という動物種の育児行動，種の持続のためのいとなみとしてとらえ直す」（大田 1990: i）ことを説いている。デューイより後の時代を生きている大田にとって，そのことは人類が地球上で果たしている役割や責任ともかかわっている。人類は種の持続のためと称して，自然や（子どもたちを含む）社会に対して，破壊的ともいえる加工を行ったり，統制を加えたりしてきた側面をもっているからである。そして，学校では，試験での成績・順位のような「画一的な評価基準」が採用されることで，「一人ひとりの子どものもつ個性と，その個性の社会的出番の発見とをはげますような雰囲気は，学習環境からほとんど失われてい」（大田 1990: 75）ると思われるからである。大田から見れば，学校を中心とした現代日本の教育は，文化への参加という教育本来の意味を失っており，「大人も子どももヒトとして人になりかねている。」（大田 1990: 84）ということになる。これは，意図的教育としての学校教育が無意図的教育から独立して自転を始め，何のために学校教育が存在しているのかというルーツを忘れてしまっている姿だと言い換えることもできるだろう。学校がそのような状態であればこそ，学校へなぜ行かなければならないのか，という子どもの問いも生じてくるのだろう。

　しかし，教育が個人の生存を超えて，社会の存続のために必要だとして，なぜそれを国家的規模で，学校で行う必要があるのだろうか。ごく単純に，前近代の共同体における教育の内容と方法と，近代，さらには現代の学校教育の内容と方法とを比較してみれば，学ばれるべき知識，技能が増加したことが，その大きな理由の一つとしては挙げられる。しかもそれらの増加した知識，技能を学ぶためには，その基礎として文字（読み書き能力）の習得が不

4

第1章　なぜみんな学校へ行くのか？

可避となる。そうだとすれば，文字を教えることと，それに基づく大量の知識，技能の伝達を行うことを実現するために，教育の内容を組織化し，方法を計画することが必要となる。そして，組織化された内容，計画された方法を用いる場として学校が造られることになるのである。しかし，これではまだ表面的な説明にとどまっている。近代の公教育制度，とりわけ，学校教育制度の成立には，近代という時代に生じたより大きな社会変化や，近代という時代に（特に欧米を中心として）人がもつにいたった理念の存在という背景があった。それらを知るためには，近代社会と学校教育とのかかわりを考えてみなければならない。

第2節　近代公教育制度の成立とその背景にある理念（思想）

1. 近代公教育制度の成立過程と個人主義

　近代公教育制度は，市民革命や産業革命以降，すなわち，18世紀後半から徐々に要請され，紆余曲折を経ながら整備されていくことになる。イギリス，アメリカ，フランスについて，その変遷を見てみよう。

　イギリスでは，1688年から1689年にかけて起こった名誉革命によって，立憲君主制の礎が築かれ，君主の専制支配から脱することとなった。1760年代以降から19世紀の初頭にかけて産業革命も達成され，機械のもとでの工場労働が普及した。一方で，長時間，低賃金という劣悪な環境下での児童労働が問題ともなっていた。こうした事態に対して，工場経営者だったロバート・オーエン（Robert Owen, 1771-1858）は，労働条件の改善に努め，工場法の成立に尽力した。また，子どもも含めた人間の能力は身分や地位によるものではなく，環境による後天的な影響によるものであると考え，自らの工場内に，幼児と子どものための学校を開設し，児童労働の制限とともに，身分や地位を超えて貧しい民衆の子どもに就学が必要であることを説いた。この後，1870年の法律（フォスター法），1876年，1880年の法律を経て，義務教育が整備されていった。初等学校での授業料が無償となったのは，1891

5

第Ⅰ部　学校について考える

年のことである。

　アメリカの場合，独立以前の植民地時代の教育は，生活とそれを支える宗教的必要のためのものだった。1776年の独立宣言によって，人間の平等と，生命・自由・幸福追求の権利が謳われたが，公教育制度の確立に向かうのは，西部開拓と産業革命が進んだ1830年代以降のことだった。マサチューセッツ州の政治家だったホーレス・マン（Horace Mann, 1796-1859）は，1837年に州教育委員会の初代教育長に就任すると，自然権として認められるべき子どもの教育を受ける権利のために，12年にわたって尽力し，公営で無償，宗教的に中立で義務制の普通教育を実現する学校として，コモン・スクールの設置，州立の師範学校の設置，近代教育思想に基づく新しい教授法の実現などを目指した。その結果として，マサチューセッツ州に，1852年にコモン・スクールの設置が実現することとなり，アメリカで初めての義務教育法が成立することとなった。この動きが南北戦争（1861-1865）以後，全米へと広まり，公教育制度が確立されていくこととなったのである。

　フランスでは，1789年にバスティーユ牢獄襲撃を端緒として革命が生じ，同年に人権宣言が採択された。これによって，絶対王政と身分制に基づく旧体制（アンシャン・レジーム）が崩壊し，人間が個人として自由であり，平等であることが謳われた。1791年の憲法では，身分によらず，すべての国民を対象とした公教育制度を組織することも宣言された。哲学者，数学者であると同時に政治家でもあったニコラ・ド・コンドルセ（Marie Jean Antoine Nicolas de Caritat, marquis de Condorcet, 1743-1794）は，1791年に公教育制度に関する論考を発表し，翌1792年には「公教育の全般的組織に関する報告および法案」と題された法案を提出した。これらの文書のなかで，「公教育は国民に対する社会の義務である」（コンドルセ 2007: 17）と明言している。コンドルセによれば，法がいくら平等を定めても，知的能力の不平等のために，その権利を行使できないのだとしたら，不平等はなくならないからである。つまり，「法律によってその享受が保証されている権利を，他人の理性に盲従することなしに自分で行使できるだけの教育を各人が受けているということ」（コンドルセ 2007: 18）が平等の実現のためには必要なのである。

6

第1章　なぜみんな学校へ行くのか？

　こうして教育は，すべての国民に等しく，無償で提供されるべきものとされた。また，彼は，公教育は政治的，宗教的，道徳的に中立であるべきと考え，「公教育は知育のみを対象とすべきである」（コンドルセ 2007: 48）と説いた。思想的・宗教的教育や徳育は家庭に委ねられるのである。ただし，家庭，すなわち親の教育権が重視されていたことも，この主張の背景には存在する。コンドルセの場合，親の教育権は自然権の一つと見なされていたからである。このため，親が自由に教育する権利，子どもの学習する自由といった，自由もまた，平等とともに重視されていた。

　この点に関して対立する案を提起していたのが，ルイ＝ミシェル・ルペルティエ（Louis-Michel Lepeletier, marquis de Saint-Fargeau, 1760-1793）だった。ジロンド派のコンドルセに対して，ジャコバン派に属したルペルティエは，自然権としての親の教育権を否定し，親には子どもの教育に関する自由ではなく，子どもに教育を受けさせる義務があるとした。また，少数者に有利に働く知育よりも徳育こそが公教育の主たる役割だと主張した[2]。ルペルティエによれば，「知育は全員に提供されるとしても，事物の本性からいって，職業や才能の違いのゆえに社会の少数の人々の独占的な財産である。」（ルペルティエ 2002: 171）。知育で与えられる知識や技能は結局のところ，富裕層のためのものにしかならない。これに対して，「徳育は全員に共通であり，かつ全員に利益をもたらさなければならない」（ルペルティエ 2002: 171）ものである。したがって，義務就学のもとで，生活と労働を通した徳育を実現することが必要だと彼は説いた。

　ところが，これだけの議論が重ねられていたにもかかわらず，その後も続いた革命期の騒乱のために，公教育制度の整備が確かなものとなるには時間を要した。結果として，第三共和政期に初等教育の無償を定めた1881年の法律，義務教育と宗教的中立を定めた1882年の法律の成立を，公教育制度確立の一つの印と見ることができる。

　以上，イギリス，アメリカ，フランスの公教育制度の成立を概観して明らかとなることは，公教育制度の成立の背景には，市民革命や産業革命といった大きな社会変化があったこと，さらに，それを支えた近代の思想があった

7

ことである。その思想の主なものが，封建制を脱し，すべての人間を個人と
して自由で平等だと認めた近代の個人主義や自由主義の思想だった。だが，
そればかりではない。すべての人間が平等だと見なされた背景には，人間は
みな，啓蒙によって目を覚ます理性を等しく備えた存在だと認めた啓蒙思想
や，近代の理性主義の思想があったことも重要である。そこで次節では，教
育の制度（ハード面）ではなく，人間形成（ソフト面）に焦点を当てて，近代
の理性主義がもたらしたものについて考えてみよう。

2. 啓蒙による理性の使用と理性主義

　「平等と自由との寛大な友よ，理性を普遍的ならしめる教育を公権力から
獲得するために団結せよ。」（コンドルセ 2007: 81）。コンドルセのこの言葉か
らも，すべての人間には理性の種がまかれており，それを等しく発芽させ，
養うのが公教育の役目であるという主張が見て取れる。なぜみんな学校へ行
くのかといえば，義務教育だから，と制度をもとに説明しがちであるが，そ
の制度はなぜできたのかといえば，近代にいたって，欧米を中心として，君
主をはじめとする権力者のくびきから解放され，人間に自由が認められたこ
と，人間は身分によらず平等であると認められたことによって，教育を受け
る権利をすべての人間が得たからだった。学校教育は歴史的には，自由と平
等という理念に根差したものなのである。
　さらに，その理念を支えているのが，すべての人間に理性が存在するとい
う考え方だった。だが，理性とは何なのだろうか。今度は舞台をドイツに移
して，哲学者，イマヌエル・カント（Immanuel Kant, 1724-1804）の声に耳を
傾けてみよう。カントは啓蒙と理性との関係について，次のように説明する。

　　啓蒙とは何か。それは人間が，みずから招いた未成年の状態から抜けで
　　ることだ。未成年の状態とは，他人の指示を仰がなければ自分の理性を
　　使うことができないということである。人間が未成年の状態にあるのは，
　　理性がないからではなく，他人の指示を仰がないと，自分の理性を使う
　　決意も勇気ももてないからなのだ。（カント 2006: 10）

第1章　なぜみんな学校へ行くのか？

　啓蒙とは，蒙（くら）きを啓（あき）らむということである。すなわち，伝統がもたらした偏見や先入観を理性の光で照らすことで取り払い，世界の真の姿や人間のなすべき行動を理性によって明らかにすることである。したがって，理性とは人間に合理的な認識を与える原理のことである。理性を用いることができない人間は，「自分の理性を働かせる代わりに書物に頼り，良心を働かせる代わりに牧師に頼り，自分で食事を節制する代わりに医者に食餌療法を処方してもらう。」（カント 2006: 11）。こうした人間は，怠慢と臆病のために，自分の理性を用いず，他人に考え，決めてもらおうとする他律的な人間であるとカントは主張する。未成年の状態にあるか否かというのは，単に年齢の問題ではなく，啓蒙によって自分で自分の理性を用いることができるようになるか否かによって決まるのだとカントは述べているのである。つまり，理性を用いることができる人間は自ら考え，判断し，行動することができる自律的な存在であり，公教育制度は，すべての人間をこうした自律的な存在に育てることを目標としているのだということができる。

　もちろん，『純粋理性批判』『実践理性批判』『判断力批判』という三批判書を著し，真・善・美の各領域に対する理性の使用を論じたカントにとって，自律というのは，真理を導く適切な知的推論ができることだけを意味するものではなかった。たとえば，カントは道徳的に正しく考え，行動するための理性の使用についても論じていた。人間がそのように理性を使用するときには，無条件な必然性を備えた命令に従うことになるとカントが考え，それを定言命法と名づけたことは有名である。それは，「君は，君の行動原理が同時に普遍的な法則となることを欲することができるような行動原理だけにしたがって行為せよ」（カント 2012: 112）という命令である。そして，この命法は経験とはかかわりのないものだとカントは見なす。つまり，なされるべき道徳的行動について理性に問うことは，その人間個人の性格や，その個人の考えがもつ傾向性に依拠するものでもなければ，他者の意見や反応といった，経験から来る予想（具体的にいえば，牧師が「君は～すべきだ」と説く声）に依拠するものでもないのである。理性の使用とは，それらを超えて，人間が自らの行動原理とするものが普遍的な法則と一致するように集中すること，そ

9

第 I 部　学校について考える

れのみである。嘘をつくべきではないということは，嘘をつくことによって
何が生じるかということとは関係がない。理性を備えた人間がそれを正しく
行使すれば，「嘘をつくべきではない」という普遍的な法則が，自らの行動
原理として採用されるはずだとカントは主張する。カントが「意志の自律」
と呼んだのは，「人間が［外から与えられた外的な義務ではなく］みずから
定めたものでありながら普遍的な法則に服従している」（カント 2012: 147）状
態のことだった。

　カントが生きた時代，ドイツは諸領邦が分立した状態にあった。そのなか
では新興でありながらも，急速な成長を遂げていったプロイセンこそ，カン
トが生まれ，活動した地だった。当時，プロイセンでは，フリードリヒ 2 世
（Friedrich II, 1712-1786）が国家主導の，上からの改革を推し進めていた。そ
れは，他のヨーロッパ諸国から政治的・経済的にも産業的にも遅れていたプ
ロイセンを引き上げるためだった。フリードリヒ大王とも尊称されたフリー
ドリヒ 2 世は，啓蒙思想の影響を受けて改革を進め，啓蒙専制君主と呼ばれ
ることになった。公教育制度に関していえば，1763 年に「一般地方学事通
則」を公布して，初等教育に関する義務就学を定めたことで知られる [3]。カ
ントはフリードリヒ 2 世の治世について，「啓蒙されつつある時代」だと敬
意を表していた。

　そのことの意義は，理性の公的な使用に道が開かれることにあるとカント
は述べていた。彼は理性の使用を公的な場合と私的な場合に分ける。前者は
「ある人が学者として，読者であるすべての公衆の前で，自らの理性を行使
すること」であり，後者は「ある人が市民としての地位または官職について
いる者として，理性を行使すること」である（カント 2006: 15）。社会におい
てある役割を担っているときや職務についているときには，その役割や職務
がすでに定めるところに忠実に行動しなければならず，理性に基づいた議論
を発議することができないことがあるとカントは認める。これが（一般的な
意味では公的と呼ぶことができるが），私的な場合とカントが呼ぶものである。
しかし，啓蒙専制君主のもとで「啓蒙されつつある時代」だからこそ，社会
の慣習や職務の束縛から離れた独自な公共空間において，理性を行使し，公

衆に新たな社会のあり方を訴えることができるのである。それが理性の公的な使用である。このことが大切なのはなぜか。それは、「…革命を起こしても、ほんとうの意味で公衆の考え方を革新することはできないのだ。新たな先入観が生まれて、これが古い先入観ともども、大衆をひきまわす手綱として使われることになるだけ」（カント 2006: 14）だからである。

　すると、重要なのは、ある特定の偏見や先入観を単にしりぞけることではなく、つねに自らのうちにある理性に普遍的な法則を問い、それに基づいて自律的に考え、判断できることだということになる。たとえ日常の生活・職業生活では困難であっても、理性の使用が保障された公共空間で自らの主張を表明できることが重要なのである。ところが、ここで疑問が生じる。理性の使用、すなわち自律が上からの改革によって成し遂げられるというのは矛盾ではないのか。学校教育の強制によって自由は獲得されるのか。教育を受けるという他律化によって、果たして子どもの自律化は実現できるのか。また、普遍的な法則に服従することは、自律とは相いれないのではないか。

第3節　近代教育思想における他律と自律

　これらの問題に対して回答を与えようとした思想家に、フランスのエミール・デュルケム（Émile Durkheim, 1858-1917）がいる。デュルケムが活躍したのは、フランスで公教育制度が確立した19世紀後半の第三共和政期だった。彼は『社会分業論』や『自殺論』を著した社会学者として一般的には有名であるが、教育や教育学に関しても社会学的見地から論じている。道徳教育を対象として他律と自律の問題について論じた『道徳教育論』（1902年以降に行われた彼の講義録）においても、デュルケムは科学的思考をもたらした近代の理性主義を擁護しつつも、他方では、その社会学的見地からルネ・デカルト（René Descartes, 1596-1650）やジャン＝ジャック・ルソー（Jean-Jacques Rousseau, 1712-1778）の個人主義を批判した。そして、教育は社会が産み出す集合的観念や集合的感情に発するものであるから、教育に関する考察は個

第Ⅰ部　学校について考える

人に焦点を合わせた心理学によるだけでは不十分であり，社会学的教養をより必要としていると説いた。

　啓蒙思想から生まれた近代の理性主義をデュルケムが受け入れていることは，「合理的道徳は，理性以外の権威に支えられる道徳と，内容において同一ではありえない。」（デュルケム 2010: 68）という言葉に見ることができる。カントと同様に，デュルケムも，道徳が理性の行使に基づくものであると主張した。また彼は，「道徳とは，単なる習慣の体系ではなく，さらにそれは命令の体系である。」（デュルケム 2010: 86）とも認めた。この命令の体系は人間に，〜せよと指示を行う。それは行動の規則を示すとともに，それに従う必要があると人間に思わせる権威を内在させている。これをデュルケムは「規律の精神」と呼んで，道徳の第一要素だとする。その理由はデュルケムによれば，人間が個人として好きに振る舞うことを認めてしまうと，欲求は節度を越えた欲望となり，その個人自身を奴隷にしてしまうからである。だが，この欲望は暴君でありながら幼児のように不能である。そうだとすると，この暴君は個人の主人・支配者だとは到底いえない。このため，この欲望は個人の自由を表現するものではないのである。自由が実現できるのは，「規律の精神」に従い，個人が自分自身の主人・支配者として自らの欲求を統制して行動できるときだけである。「道徳の規則の下で，道徳の規則を実践することによってのみ，われわれは自己を支配し，自己を規正する力を獲得することができるのであって，この力こそはまさに自由の神髄だといえる。」（デュルケム 2010: 118）。

　カントとデュルケムが袂を分かつのは，命令の体系や「規律の精神」の由来に関してである。デュルケムは道徳の第二要素として，「社会集団への愛着」を挙げる。他者とかかわりなく，経験によらずに，定言命法として理性は道徳的行動とは何かを把握するとカントが見なすのに対して，デュルケムは道徳が社会集団の観念や感情に由来することを認める。そして，個人は個人から独立した社会的存在とのかかわりにおいて，はじめて個人となり，個人を実現することが可能だと考える。この点に，デュルケムの個人主義批判を見ることができる。デュルケムは個人と社会とが厳密に区別できないとい

うような反二元論的立場はとらなかったが，個人の総和が社会ではなく，個人を超えた実在性を有するものと社会を想定したうえで，そうした社会で個人がどのように有機的な存在になりうるかを論じたのである。カントのように，「自己閉鎖的で外的諸力の影響を免れるところの，世界の内にあってしかも世界と隔離した別個の実在」（デュルケム 2010: 199）として個人や個人の理性の行使を理解する必要はもはやないとして，デュルケムは次のように述べる。

> 人間を動物の列から引き上げ，万物の霊長として存在させている豊かな文明をすべて作り上げ，これを所有するものは，社会である。それゆえ，われわれは自己の自律性を守ろうとして，そねみ顔で自己の中に沈潜することなく，社会からの働きかけを大幅に受け入れねばならない。（デュルケム 2010: 145）

しかし，理性が従う普遍的な法則が社会のうちにあるというのは，カントからの後退ではないのか。社会の偏見や先入観から脱するためにこそ，理性は社会を超えた普遍的な法則を求めたのではなかったのか。それが自律的に考え，行動することではなかったのか。それに対するデュルケムの答えは，カントより後の社会には，より発展した科学がある，というものである。つまり，従うべき社会からの働きかけとは，社会の偏見や先入観のことではなく，理性が合理的に明らかにした事実，道徳の科学のことだと彼はいう。

> …われわれは，信仰が先験的に要請するところのものを科学があらためて合理的に確証できるかぎり，経験的にこれを事実として認めるのである。このような服従はもはや受動的な服従ではなく，それは事実をふまえての積極的な合意である。事物の秩序に従うにしても，事物の秩序とはかくあるべきはずのものという確信に基づくものならば，それはもはや屈従ではない。（デュルケム 2010: 207）

第Ⅰ部　学校について考える

　要するに，科学に代表される理性の行使は道徳の科学をもたらし，その道徳の科学への従属（積極的合意）は次の世代の理性の自律をもたらす，というのがデュルケムの主張だった。デュルケムから見れば，他律が自律に必要なのは，他律が欲求を統制する力を子どもに与えるからであり，また，他律を課す社会の理性の行使の結果こそが次の世代の子どもを，科学に代表される合理的思考へと，つまりは偏見や先入観から自由になることへと導いてくれるからだった。さらにデュルケムは教師と学校についても，社会とのかかわりでその役割を論じている。まず，子どもが教師のもとで「規律の精神」を育まれるといっても，教師は子どもに規律を身につけさせる権威や支配力を，自らの人格から得ているわけではないことにデュルケムは注意を促す。それは，個人を超えた社会から来るものだからである。したがって，教師は，あくまで社会が与える道徳の代弁者として振る舞わなければならない。同様にして，学校は小さな社会ということになる。彼はそのことの意義は，個人主義の時代には一層大きいと主張する。それは「協同の精神」が当たり前のものでなくなってきている社会だからである。こうして，学校は社会への愛着を産み出す，あるいはよみがえらせるために，集合生活そのものを実践する場となる必要があるとデュルケムはいうのである（デュルケム 2010: 384）[4]。

第4節　道具としての理性，効率化としての理性に対する批判

1. 理性の道具化に対して向けられた批判

　第2節の2.および第3節では，近代公教育制度のもとで行われる人間形成においては啓蒙が重視され，その啓蒙によって理性を行使できるようになること，すなわち，自律が目指されていることを見てきた。この観点から，なぜみんな学校へ行くのか，という問いに答えるとしたら，理性を行使できる自律的存在になるためだ，ということになるだろう。私たちは，他人から精神的・物質的援助を受けたり，他人の支配を受けたりすることで，他人に依存して生きるのではなく，「自立」して（自ら身を立てて）生きられること

14

が大切だという考えをもっていることだろう。しかし，学校で教育を受けた後に自立すべきだとは考えても，学校に通っている子どもの間は働いていないのだから，自立できていなくても構わないし，それはやむをえないことだと多くの人が思うだろう。むしろ学校にいる間に，学校で教育を受けることで実現されていってほしいと子どもに望んでいることは「自律」の方だろう。つまり，現代に生きる私たちにとっても，学校教育を受ける意義は，子どもが理性に従い，理性を行使して，自ら考え，判断し，行動できる存在となること，そして，そのような訓練を受けることにあるといえる。

　しかし，啓蒙と啓蒙を目指した学校教育は，その結果として，子どもの自律をもたらしてきたといえるだろうか。理性を用いる習慣を子どもが身につけることは，実際にはそれとは逆の帰結を産み出してきたという批判が今日では知られている。たとえば，イバン・イリイチ（Ivan Illich, 1926-2002）は，学校が義務就学の公教育制度であるために，むしろ子どもたちが自律的な存在となることが難しくなっているという。制度のレールに乗ること，すなわち，他律的であることに子どもたちが慣れてしまうからである。また，ミシェル・フーコー（Michel Foucault, 1926-1984）は，学校に存在する規律訓練は子どもの内面を創り出す権力の働きであると考え，理性を自律的に行使できる存在とは，自発的に権力に服従する存在ではないのか，と問いかけた。これらは，制度として，身体を拘束・規制するものとして存在する学校とそこでの教育がもつ働きについて，批判的に検討を加えたものである。学校のこうした側面については第3章で詳しく考察しよう。ここでは，理性そのものに対する批判的な分析を紹介しておこう。それは，啓蒙を通して，偏見や先入観を取り除く輝きを放つとされる理性に対する疑念である。

　ドイツに生まれながら，ナチスが台頭したために，一時アメリカに亡命を余儀なくされたドイツの社会学者，マックス・ホルクハイマー（Max Horkheimer, 1895-1973）は，第二次世界大戦の惨状も踏まえて，理性が客観性を失い，主観的なものとなってしまったことに注意を促している。ホルクハイマーによれば，近代以降，理性は主観的な利益や利得のための道具として用いられるようになった。このような理性を彼は「道具的理性」または「主

第I部　学校について考える

観的理性」と呼ぶ。「主観的理性」は客観性をもはやもたないため，人類が
追い求めるべき真理や共通善などには関心をもたない。「主観的理性」にと
って，真理であり善であるのは主観的な利益や利得である。これらを自明の
目的としたうえで，それを実現するのに最もふさわしい合理的手段を講じる
のが理性の役割だとされているのである。「結局，主観的理性は，諸可能性
を計算し，それによって，与えられた目的とその適切な手段を整合的たらし
める能力であることがわかる。」(ホルクハイマー 1987: 13)。そうだとすると，
理性の実際の働きは，極めて操作的で形式的な合理性に則ったものでしかな
い。このような理性の行使を自律だと見なすことはできないとホルクハイマ
ーは考える。彼は現実に近代以降の社会に起こったことを次のように分析す
る。

　　技術的知識が人間の思惟や活動の地平を拡大するにつれ，個人としての
　　人間の自律性，巨大化する大衆操作の装置に抵抗する能力，想像力，独
　　立的判断といったものは衰えていくように思われる。啓蒙のための技術
　　的手段の進歩には非人間化の過程が付きまとっている。(ホルクハイマー
　　1987: 6)

　啓蒙は理性の光によって，前近代に特に見られたような呪術的世界観から
人間を解放し，科学技術の進歩をもたらした。だがそれが人間と自然を支配
する手段の進歩に限定されるようになったとき，自律という目的は見失われ，
自律を弱める非人間化の過程に理性が用いられるという皮肉な結果がもたら
されたとホルクハイマーは述べる。実際，ナチス・ドイツが行ったことは，
非合理的・非人間的な目的の是非を理性によって問うことなく，その目的を
実現するための合理的・効果的手段を，科学技術の力で兵器として産み出し，
利用すること（道具として理性を用いて冷徹に講じること）にあったといえるだ
ろう。このような理性の皮肉が見られるのは世界規模の戦争に限らない。私
たちが，国などの権力や権威をもった団体やそれが産み出した制度が掲げる
真理や善を，たとえば提示された教育目標を疑うことなく，その目標を合理

第1章　なぜみんな学校へ行くのか？

的・効果的に実現する手段にだけ自らの理性をもちいるときなどにも当たり前のように見られることである。

　しかし，自律の喪失が生じるその際に，人間には何が起こっているのだろうか。ホルクハイマーは，彼と同じく亡命研究者だったテオドール・ヴィーゼングルント・アドルノ（Theodor Wiesengrund Adorno, 1903-1969）と共著で出版した『啓蒙の弁証法』（1947年）で，それを「人間の内なる自然と外なる自然への支配」（ホルクハイマー＆アドルノ 1990: 41）だと説明した。啓蒙によって手にした力（科学技術などの力）で，人間は人間の外部にある自然を人間のために操作する対象へと変え，自然に対する支配者の地位へと自らを引き上げた。それは，自然的存在である他の人間を支配しようとする暴力や支配を可能とする制度を産み出すことにもなった。しかし，そればかりではない。そのような支配を可能とするためには，支配を行おうとする人間自身が自らの内にある自然な衝動や欲望を統制し，支配することができなければならなかった。そうでなければ，合理的な手段を講じるための，感情に流されない理性の行使は困難だからである。これは暴君である欲望に対して，ある個人が主人・支配者となることのようにも見える。けれども，ある個人が理性を行使するのは目的に対してではなく，手段に対してだけであり，その手段とのかかわりも形式的手続き，合理的手順に則ったものでしかないのである。以上のような，近代における理性の尊重が，自律の喪失という正反対の結果にたどりついたという指摘，理性の行使が道具的なものとなり，手段の適合性を考察することに切り詰められたという指摘が，私たち現代人の生き方や教育のあり方とどうかかわっているのかについても，考えてみる必要があるだろう。

2.　効率化としての理性と学校教育とのかかわりが含む問題

　学校という場所で，理性の行使が道具的なものとなって現れる理由を，再び近代公教育制度の成立期に立ち戻って歴史的に考えてみれば，理性という概念が市民革命ばかりでなく，科学技術の進歩を象徴する産業革命とも結びついていたことが大きな理由として考えられる。産業革命やそれに応える学

校教育を求める発想は効率化を必要とするといえるからである。それは子どもの理性の行使の問題というよりは，子どもを教育する側の理性が効率を基準として行使されるという問題である。最後にそのことを確認しておこう。

近代の科学技術の発展は合理的な自然の支配を可能にし，産業革命をもたらした。このことが，劣悪な環境のもとでの児童労働の問題を同時に産み出してしまったことはすでに見た。これに対応するために子どもたちを労働の場から引き離し，学校で教育を受けさせるということが，公教育制度の成立に結びつくこととなりはした。しかし，大量の貧民の子どもたちをどのように教育したらよいのか。ここでも，自然の支配を可能にした道具的理性が姿を現し，効率化に力を発揮する。19世紀の初めに，大勢の子どもたちを教育するための教授法として，モニトリアル・システム（助教法）が開発され実施された。この教授法は，スコットランド生まれで，従軍牧師としてインドに派遣され，孤児院長となったアンドリュー・ベル (Andrew Bell, 1753-1832) と，イギリスのロンドンで生まれた教育家，ジョセフ・ランカスター (Joseph Lancaster, 1778-1838) がほぼ同時期に開発したといわれている。このため，モニトリアル・システムは，二人の名をとって，ベル・ランカスター法とも呼ばれている（図1.1 を参照）。

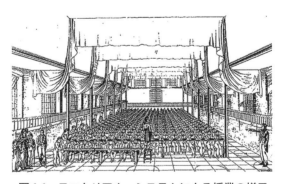

図1.1 モニトリアル・システムによる授業の様子

（出所）Manual of the System of Primary Instruction. London: British and Foreign School Society, 1837.

第1章 なぜみんな学校へ行くのか？

　この教授法を概して説明するとすれば，子どもの能力に応じてクラスを分け，上級クラスに属する成績優秀な子どもがモニター（学校の教師を助ける者，すなわち，助教。また，子どもの学習の監視者。）となり，下級クラスの子どもを教える方法だということになる。子どもは読み書き算の能力別のクラスに分けられ，各クラスにモニターが配置される。学校の教師はまずモニターに教え，モニターは各クラスの子どもに教える。これによって一人の教師が多数の子どもを教えることが可能となるからである。この教授法の特徴を抽出すれば，第一に，学習進度により等級を設定した教育課程だったこと，第二に，クラス内の子どもの年齢・学年でなく，能力の均質化が図られたこと，が挙げられる。この二つのことは，この教授法では，現在の学校教育を特徴づけている学年制が採用されていなかったことを示している。最後に，第三として，クラスの子どもに対して，競争と賞罰制度を適用していたことが挙げられる[5]。このモニトリアル・システムの背景にある思想は，教育の内容を 3R's（reading, writing, arithmetic，つまり，読み書き算）に絞ることで，教師の仕事を限定し，モニターを活用して効率的に大衆教育を実現するというものだった。

　画一的な教育を批判した子ども（児童）中心主義の時代を経て，現代を生きている私たちからすれば，子どもの個性の尊重やその実現を目的とすることを検討せず，ただすべての子どもを教育するという目的を実現するためだけに合理的に手段を講じたかのようなやり方には異論があるだろう。「しかしこのシステムが生まれた当時は，人々の反応は違っていた。」と柳治男は述べている。柳によれば，「当時の人々は逆に，モニトリアル・システムを機械装置になぞらえ，礼讃したのである。」（柳 2005: 45）。時は産業革命の時代である。近代の科学技術は人びとの生活環境と生活そのものを変えつつあった。理性による進歩が信じられていた。ベル自身も蒸気機関に，また，ランカスターも自動巻き取り機械にこのシステムをなぞらえて自画自賛したというのも，もっともなことだった。

　もちろん，現代の学年制，担任教師が配された学級を思い浮かべれば明らかなように，モニトリアル・システムは別の教授法に取って代わられていっ

19

第Ⅰ部　学校について考える

た。等級制は能力の観点から見れば合理的であるが，結果として落第者が出てしまうとなると非効率的な仕組みであるし，公教育制度が普及して多くの教科を教える必要が出てくると，物理的に維持できない教授法だったからである。また，知育で可能な効率の追求は，徳育とは相いれない要素をもっていた。こうして19世紀の半ばに新たに開発されたのが，ギャラリー方式と呼ばれる教授法だった。それは，幼児学校運動の推進者，サミュエル・ウィルダースピン（Samuel Wilderspin）や商人であったデイヴィッド・ストウ（David Stow）によって実践された。この教授法は，傾斜のある階段状に椅子を配置し，数十人の子どもたちが一斉に，一人の教師の教授を受ける形式である。読み書き算に一人ずつ取り組む形式ではなくなったため，教師が子どもたちに一斉に教えるこの授業では，モニトリアル・システムの場合には考慮されていなかった子ども同士の関係や集団性の重視も見られるようになった。これを契機として，等級制ではなく，同年齢の子どもが一つのクラスを形成する学年制に移行していくこととなった。これが今日にいたる一斉教授のルーツである。しかし，モニトリアル・システムからギャラリー方式へ，さらには，学級での一斉教授を中心として，習熟度別少人数授業も取り入れた今日の授業の様子への変遷を見たのは，捨て去られた過去の遺物を眺めるためではない。むしろ，近代に浸透した効率化が今日ではどのような形で見られるか，という視点を得るためだった。

　本章の議論をまとめよう。なぜみんな学校へ行くのか，という問いは，近代の公教育制度の成立とそれを支えた理念（思想）に私たちの眼を向けさせる。近代の個人主義がすべての人間を自由で平等な存在として位置づけたことこそが，誰もが学校へ行くという現象の出発点であり，それは自由と平等の証だったのである。また，すべての人間がそのように自由で平等だと見なされるのは，すべての人間が理性の種を有していると見なされたからだった。しかし，自律を実現するはずのこの理性は，目的についての思考を離れ，手段についての思考に限定されてしまうことで，人間や自然の支配をもたらし，効率重視の学校のあり方をもたらす形で展開してきたことを私たちは見てきたことになる。現在の学校教育は，このように限られた理性の行使から卒業

第1章　なぜみんな学校へ行くのか？

できているだろうか。冒頭で見たような，人類の営みとしての教育という視点を回復できているだろうか。学校へ通うことの自明性を問うことで，私たちは，現在の学校教育を（ときに批判的に）分析するための具体的な視点を歴史から得ることができるのである。

［古屋　恵太］

● **考えてみよう！**

- ▶ 近代教育を支えた個人主義と理性主義の理念は，あなたがこれまで経験してきた学校教育にも見られただろうか。見られたとすればどのようなところに見られただろうか。もし見られなかったとしたら，それはなぜだろうか。
- ▶ 今日の学校教育において，理性が道具として用いられたり，効率化のために用いられている事例を挙げてみよう。
- ▶ 他律と自律の関係についてどう考えるか。友人と意見交換をしてみよう。

● **注**

1) ただし，学校での教育も，すべてが意図されたものだとまではいえない。明示されていないにもかかわらず，学ばれていること，学ばれてしまうこともあるといわれている（「かくれたカリキュラム」）。これについては，第3章で検討する。

2) こうした論争は，「学校は誰のためのものなのか？」という（第2章の）問いとつながっている。子どものため，親のために学校があるととらえ，公教育を「私事の組織化」ととらえる堀尾輝久は，その主張をコンドルセの思想から導き出している。これについては第2章を参照。

3) ただし，ナポレオンの侵略によって1806年から占領下にあったドイツが公教育制度を確立するのは，実際にはかなり後のこととなる。国家が学校に対する監督権をもつことや，教育の中立性を定めた「学校監督法」は1872年，無償制が確立するのは1887年のことである。

4) 学校を小さな社会とする学校改革は，デュルケムとは対照的に見える，子ども（児童）中心主義の学校改革運動である新教育運動にも見られることになる。新教育運動については，第7章，第8章を参照。

5) ただし，ベルはランカスターほどには賞罰を重視していなかったという研究もある。両者の違いについては，ハミルトン（1998）を参照。

21

第Ⅰ部　学校について考える

● 引用・参考文献

梅根悟（1968）『西洋教育思想史2　国民教育思想の時代』誠文堂新光社

大田堯（1990）『教育とは何か』岩波書店

カント著，中山元訳（2006）『永遠平和のために／啓蒙とは何か　他3編』光文社（「啓蒙とは何か」の原著，1784年）

カント著，中山元訳（2012）『道徳形而上学の基礎づけ』光文社（原著，1785年）

コンドルセ著，阪上孝編訳（2002）「公教育の全般的組織についての報告と法案」コンドルセ他著，阪上孝編訳『フランス革命期の公教育論』岩波書店，pp.11-107（原著，1792年）

コンドルセ著，松島鈞訳（2007）『改訂版　公教育に関する第一覚え書　公教育の原理』エテルナ（原著，1791年）

デューイ著，松野安男訳（1975）『民主主義と教育（上）』岩波書店（原著，1916年）

デュルケム著，麻生誠・山村健訳（2010）『道徳教育論』講談社（原著，1925年）

長尾十三二（1991）『西洋教育史（第二版）』東京大学出版会

ハミルトン著，安川哲夫訳（1998）『学校教育の理論に向けて―クラス・カリキュラム・一斉教授の思想と歴史』世織書房（原著，1989年）

原聡介（2000）「教育」教育思想史学会編『教育思想事典』勁草書房，pp.127-130

ホルクハイマー著，山口祐弘訳（1987）『理性の腐食』せりか書房（原著，1947年）

ホルクハイマー＆アドルノ著，徳永恂訳（1990）『啓蒙の弁証法』岩波書店（原著，1947年）

柳治男（2005）『〈学級〉の歴史学―自明視された空間を疑う』講談社

ルペルティエ著，阪上孝編訳（2002）「国民教育案」コンドルセ他著，阪上孝編訳『フランス革命期の公教育論』岩波書店，pp.167-218（原著，1793年）

第1章　なぜみんな学校へ行くのか？

● COLUMN ●

▶ 教師の腕をどう磨く？──ヘルバルトの教育学

　教師として子どもたちを実際に教育することは，一筋縄ではいかない。かれらの個性はさまざまであるし，同じ子どもであっても日々違った顔を見せるし，それに教育にはさまざまな社会的な環境要因も関わってくる。あなたが新米教師だったら，こうした複雑さに戸惑うかもしれない。しかし，ベテランの優れた教師は的確かつ素早い判断で臨機応変にこの複雑さに対応できるようである。この違いは何なのか。おそらく優れた教師には「教育の技術(Kunst)」があるのである。本コラムの主人公である19世紀ドイツの哲学者・教育学者であるヨハン・フリードリヒ・ヘルバルト(Johann Friedrich Herbart, 1776-1841)はそう考えた。そして，この「技術」が最高度に磨かれたそれを「教育的タクト」と呼び，「教育の技術にとって最高の宝」だとしたのである(ヘルバルト 1960: 69)。

　それでは，こうした優れた教師は，教育現場で子どもたちと接するだけでこの「最高の宝」を手にすることができたのか。ヘルバルトによればそうではない。「技術への準備は学問(Wissenschaft)によって行われる」(ヘルバルト 1972: 100)。彼の「教育学」構想がここで生まれる。なるほど教師を目指しているあなたも，将来教育現場に入るための準備として大学等で「教育学」を修めようとしているだろう。こうしたあり方の源流には，ヘルバルトの構想が関わっている。また彼の構想は『一般教育学』(1806年)という著作の形でも結実した。この著作のなかで彼は，教師から子どもへの教育的な働きかけを「管理」・「訓練」・「教授」の三つに分類し，また，これら三つのうちの「教授」の進行を子どもの内面の心理的展開と関連づけた「明瞭」─「連合」─「系統」─「方法」の四段階で捉えた(「四段階教授法」)。

　この教授法はその後，ヘルバルト派に属するツィラー(Tuiskon Ziller, 1817-1882)やライン(Wilhelm Rein, 1847-1929)に受け継がれ「五段階教授法」へと発展させられて19世紀後半以後の学校教育のあり方に大きな影響を及ぼすことになる。とはいえ，かれらの教授法は，元々のヘルバルトの意図を歪めてしまった側面ももち，画一的で硬直した教授法だと批判もされることになった。

　以上のことから，ヘルバルトの教育学は，教師の腕を磨くうえでの「技術」と「学問」の関係，すなわち，「実践」と「理論」の関係を今日改めて問い直す際にも，重要な視点を提供してくれるはずである。　　　　　　　　　　　〔小山　裕樹〕

引用・参考文献

ヘルバルト著，三枝孝弘訳(1960)『一般教育学』明治図書出版(原著，1806年)

ヘルバルト著，高久清吉訳(1972)「最初の教育学講義」『世界の美的表現』明治図書出版，pp.91-104(原著，1802年)

23

第2章

学校は誰のためのものなのか？

―――――● **本章のねらい** ●―――――

　学校はいったい誰のためにあるのだろうか。これまで教育学の議論では，この問いに対して大きく分けて二つの立場から答えてきた。一つは，学校教育の核を子どもの学習権の保障（および，それにかかわる親の義務の実現）にみる立場であり，この問いに対して「国民のため」と答える。もう一つは，学校教育は国家や社会の形成者を育成することを通じて，その維持・発展のために重要な役割を担うという点を強調する立場であり，「国家や社会のため」と答える。二つの立場は，時として相互に重なりあったり鋭く対立したりしながら，ともに教育学の思考枠組みを形成してきた。

　本章では，①これら二つの代表的立場を検討したうえで，②教育の「公共性」に関する新たな考え方とともに，この二項対立の図式が組み替えられつつあることを確認する。最後に，③現在そうした展開の先で新たに生じている問題について検討する。

第1節　三つの答え

1. 子どものため

　「学校は誰のためのものなのか？」と問われて，多くの人がまず思い浮かべるのは，「子どものため」という答えではないだろうか。

　そもそも，近代的な意味での学校の起こりは子どもが「子ども」として，

つまり，子どもが小さな大人としてではなく，大人とは区別される固有な存在として「発見」されたことと深くかかわっている（第4章参照）。子どもは大人へと育ちゆく存在であるとされ，発達段階に応じて効果的な働きかけを行うことで，子どもの成長を統制していこうとする発想が生まれた。学校はこうした発想に支えられつつ，子どもの成長・発達に対する意図的な働きかけとしての「教育」という営みを，集合的，計画的に組織化した場として誕生した。このことを一人ひとりの子どもの側から見れば，学校は子ども自身が学び，成長するための場であるといえる。

　また，学校が「教育」の場であるかぎり，それは子どもの人権を保障するための場であるということもできる。というのも，人が教育を受けることを通して自己を成長・発達させていくことは，一般に基本的人権の一つと考えられているからである。人は教育を受け，自ら学習することによって，人格を発展させるとともに，社会において生活するために必要な資質や能力（学力）を獲得することができる。教育機会の有無は，そのような意味で，その後の社会的・経済的なライフチャンスに対して大きな影響を与えるのである。日本国憲法では「すべて国民は，法律の定めるところにより，その能力に応じて，ひとしく教育を受ける権利を有する」（第26条）として，「教育を受ける権利」および教育の機会均等を保障している。「教育を受ける」という表現は受動的なものだが，これを学びつつ成長する主体の側から再定義するならば，ここでいわれている権利は「学習する権利（学習権）」のことだということになる。とりわけ，子どもは，自らが成長するために必要な教育（学習するための条件や環境）を大人に要求することができる。つまり，学校はこのような意味での子どもの権利（学習権）を保障するために設置されたものであり，「子どものため」のものだといえるだろう。

2. 親のため

　ところで，子どもの学習権を保障する義務を負うのは誰だろうか。国や教師などさまざまなアクターが考えられるだろうが，「第一義的な義務」となるとそれは親（保護者）ということになる。先ほど教育を受ける権利を保障

第Ⅰ部　学校について考える

した条文として日本国憲法第26条を引用したが，同条2項では「すべて国民は，法律の定めるところにより，その保護する子女に普通教育を受けさせる義務を負ふ」と規定している。

　一方で，子どもを養育ないし教育することは親の「権利」でもある。親は子どもを保護する義務を負い，またそうした義務を負う限りにおいて，子どもに対して自らが望ましいと考える教育を行う権利があるということである。親は自らの信念に基づき，子どもに対して「このような人に育ってもらいたい」「そのためには，このような教育を受けさせたい」あるいは「このような教育は受けさせたくない」という願いをもつ。それが「願い」ではなく，子どもに対する支配や完全な強制になってしまっては問題だろう。しかし，子どもを保護する限りにおいて，親には子どもの教育に関して「願い」をもち，それを可能な限り実現させる権利があるということについては，多くの人が自然なことだと考えるのではないだろうか。親が子どもに対して望ましいと考える教育を行うことは，親の思想・信条の自由に深くかかわっており，親自身の自己実現のための権利でもある。そうであるならば，学校は親の権利と義務を実現する場でもあるといえるだろう。学校は「親のため」のものでもあるのである。

3.　国家や社会のため

　ここまで，学校がどのような場であるのかについて考えながら，学校は「子どものため」と「親のため」にあるという，二つの答えを検討してきた。しかし，学校教育の目的は個々の子どもや親の権利の実現ということだけにとどまるだろうか。学校教育には，国家や社会の形成者を育成することを通じて，広く国家や社会一般の維持・発展のために役割を負うという側面もある。そこで，「学校は誰のためのものなのか？」という問いに対して考えられる三つめの答えは，「国家や社会のため」というものである。

　第1章で確認したように，西欧諸国における近代公教育制度は，それぞれの国の歴史的条件によって趣旨や経過は異なるものの，18世紀後半から19世紀後半にかけて100年ほどで次第に整備されていった（日本の場合は，西欧

諸国の制度を参考にしつつ，明治維新以後約50年で整備されたといわれている）。このとき，重要な契機となったのが「国民国家」の成立である。国民国家とは，ある領土内に住む人びとが「国民」としてひとまとまりに統合され，そのように統合された「国民」が一つの統治機構を構成することで成り立つ国家のこと，あるいはそうした理念やイデオロギーのことをいう。しかし，国境が歴史のなかで常に変化し続けてきたことを考えればわかるように，ある国家の領土内に住む人びとがもともと「国民」としてのまとまりをもっているわけではない。ある文化的なまとまり（たとえば，共通の「国語」や歴史など）のもとで国家を主体的に構成する「国民」という存在は，むしろ国民国家によって作り出されなければならないものだった。言いかえれば，近代公教育制度はその成立において，「国民」の育成を自らの存在意義の一つとしていたということである。そして，公教育がこのように「国民教育」としての側面をもつことは，現在においても基本的に継承されていると考えてよい。たとえば，教育基本法では「教育は，人格の完成を目指し，平和で民主的な国家及び社会の形成者として必要な資質を備えた心身ともに健康な国民の育成を期して行われなければならない」（第1条）としており，「人格の完成」とともに，「国家及び社会の形成者」としての「国民の育成」が教育の目的に挙げられている。

　人びとは学校において共通の教養や社会規範を身につけることで「国民」になっていく。このことを子どもの側から見れば，学校は社会で生きるために必要な資質や能力を習得する権利を実現する場だということになるが，国家や社会の側から見れば，学校教育は社会統合の基礎として，国家や社会の維持および発展のために重要な役割を担うという点が強調されるだろう。とりわけ民主主義国家においては，主権者としての国民の育成は，国家それ自体の正統性に不可分にかかわる問題であり，学校教育はきわめて重大な位置を占めている。

　また，学校が社会と接続しているといえるのは，こうした政治的な意味合いにおいてだけではない。経済的な意味合いにおいても，それは同様である。学校には教育機能に加えて，「選抜・配分」および「正当化」の機能がある

第Ⅰ部　学校について考える

といわれる。「選抜・配分」の機能とは，進学や進級などの際に人びとを能
力評価し，それぞれ異なる社会階層（職業的地位をはじめとする，さまざまな
社会的・経済的な地位や役割）に振り分ける機能であり，「正当化」の機能とは，
その人の能力や学歴などを基準として，ある人がその地位についていること
を正当化する機能である。つまり，学校は社会的・経済的な意味において格
差のある地位に人びとを配分し，そうした社会的不平等を公正なものとして
正当化する機能をもっているということである。学校教育には，社会的ない
し経済的な秩序を再生産し，その秩序を安定化させる働きがあるのである。

　以上の点をふまえると，学校教育は国家および社会のあり方と，あるいは，
社会的な正義や公正の理念と密接にかかわっていることがわかる。学校が，
個々の子どもや親の権利の実現の場を超えて，「国家や社会のため」にある
と考えられるゆえんである。

第2節　「国民の教育権」対「国家の教育権」

　前節では，「学校は誰のためのものなのか？」という問いに対して多くの
人が思い浮かべるであろう，三つの代表的な答えを検討した。これら三つの
立場は，時に相互に重なりつつ，時に鋭く対立してきた。たとえば，子ども
の学習要求と親の教育要求が対立することもあれば，学校の選抜機能が肥大
化して子どもが自らの学習権を真に実現することを阻害していると指摘され
ることもある。教育学の議論では，とりわけ，学校は個々の「子どものため」
および「親のため」にあるとする立場と，「国家や社会のため」にあるとす
る立場とが，鋭い緊張関係のもとで互いの主張を展開してきた。戦後の日本
における教育学の思考様式は，両者の対立構図のなかで形成されてきたとい
ってもよい。本節では，日本における教育権論争に着目して，二つの立場の
対立の構造を検討したい。

1. 1960 年代における教育権論争

　日本において「学校は誰のためにあるのか？」が鋭く問われたのは，1960年代を中心に 70 年代の前半にかけて展開された，「公教育の内容を決める権限（＝教育権）があるのは誰か？」をめぐる論争においてだった。

　この論争の背景には，資本主義体制と共産主義体制のイデオロギー対立を軸とした国際社会における冷戦構造と，この冷戦構造に規定された「55 年体制」と呼ばれる国内政治の状況があったといわれる。1940 年代後半以降のいわゆる「逆コース」は教育においても例外ではなく，こうした動向のなかで，文部省（当時）と自民党を中心とした保守派と，日教組や民間教育運動，社会党・共産党を中心とした革新派との間の対立が次第に先鋭化していった。こうした動向には，第二次アメリカ教育使節団による「道徳教育は社会科のみでは達成できない」との報告（1950 年），京都旭丘中学事件（53 年），教育二法の成立（54 年），教育委員会法の廃止（56 年），「道徳の時間」の特設（58年），学習指導要領の告示化（58 年）などが含まれる。60 年代に入ると，文部省が行った全国中学校一斉学力調査にかかわる「旭川学力テスト事件」や，教科書検定の強化による教科書の不合格処分など，裁判になる事例も見られるようになった。いわゆる「学力テスト（学テ）裁判」や「家永教科書裁判」などである。

　そこで争われていたのは，日本国憲法第 26 条に規定された「教育を受ける権利」の内実，とりわけ「教育権」の帰属先であり，大きく分けて「国民の教育権」論と「国家の教育権」論という二つの立場が対立した。当時主流派に位置する教育学の議論は，教育権は国民に帰属するとする「国民の教育権」論の立場に理論的基盤を与えたといわれている。こうした議論においては，公教育の原則が子どもの成長・発達の権利（学習権）の保障，および，子どもの学習権を保障する親の義務の実現にあるという点が強調された。

　「国民の教育権」論の代表的論者の一人に，堀尾輝久（1933-）がいる。堀尾は，フランス革命期に活躍したニコラ・ド・コンドルセの公教育思想などを参照しつつ，近代教育の原則の一つが「親義務の共同化」にあると論じている（堀尾 1971）。堀尾によれば，憲法第 26 条に規定された「教育を受ける

第Ⅰ部　学校について考える

権利」は，子どもが主体的な学習者として，自らの成長・発達に必要となる学習条件や学習環境を大人に要求できるという意味での「学習権」として理解されるべきであり，その保障に関する第一次的な義務を負うのはあくまで子どもの親である（本章第1節での「教育を受ける権利」に関する説明は，この議論に依拠している）。その意味で，子どもの教育は本来それぞれの家庭において行われる「私事」である。学校は親から子どもに対する教育の一部分を，つまり知育（科学的知識の教授）にかかわる部分を委託されているにすぎないのである。ここで，学校への委託が知育に限定され，徳育（内面形成）が含まれていないことに注意が必要である。堀尾は，徳育は「人間の思想・良心の形成やその価値観と不可分」であり，それは「近代思想からすれば，各人の神聖不可侵の権利である」から，家庭教育で行うことが原則なのだと述べる（堀尾 1971: 200）。それに対して，知育に関しては，親は学校に，より具体的には，子どもの成長の過程や子どもの成長と学習との関係に関して専門的知識を有する教師に，自らの義務の遂行を委託しうる。したがって，教師の専門的任務は，子どもの学習権を実現するために，親義務の代行者として，真理を「子どもの発達に即してアレンジすること」にある（堀尾 1971: 201）。いずれにせよ，ここで重要なのは，子どもの権利を実現するために学校を設置する国の義務は「親の義務の代替機能をもつもの」であり，公教育は「親の義務の共同化」という観点を含むということである（堀尾 1971: 192，強調原文）。すなわち，堀尾の論旨は，学校ないし公教育は子どもの成長・発達を中核的な価値とし，あくまで私事であるところの教育を共同化したものであるかぎりにおいて，その正統性を認められるという点にある。したがって，教育内容を決定する権限であるところの教育権についても，親およびその委託を受けた教師を中心とした「国民」全体に帰属するということになる。

　こうした議論が，国家権力の教育に対する不当な統制や恣意的な介入，教育が時の権力によって政治的に利用されることへの危惧に発するものであることは明らかだろう。実際，「国民の教育権」論は教育的価値の中立性を掲げ，旧教育基本法第10条において「教育は，不当な支配に服することなく，国民全体に対し直接に責任を負つて行われるべきものである」と規定された「教

30

育行政の一般行政からの独立」の原則や，子どもの学習権を保障するための
教師の「教育の自由」を強調した（なお，その後2006年の改正を経て，現教育
基本法では「教育行政の一般行政からの独立」の原則を定めた条文は，「教育は，
不当な支配に服することなく，この法律及び他の法律の定めるところにより行わ
れるべきものであり，教育行政は，国と地方公共団体との適切な役割分担及び相
互の協力の下，公正かつ適正に行われなければならない」（第16条）という文言に
変更された）。

　これに対して「国家の教育権」論は，子どもの教育を受ける権利を保障す
るために国が果たすべき役割の一つに教育内容の規定も含まれると主張する。
子どもの教育は国民全体の関心事であって，近代国家は公教育を国家的な事
業として行う必要がある（本章第1節での議論を思い出してほしい）。したがって，
公教育制度は教育の私事性を捨象したところに成立したと考えるのが，「国
家の教育権」論の立場である。公教育は，教育内容の規定を含めて国家の全
面的責任において実施されるものであり，それが公教育である以上，個々の
子どもや親，教師の全面的な自由を認めることはできない。「国家の教育権」
論の立場からすれば，子どもの教育を受ける権利ないし教育の機会均等の実
質的保障のためには，全国どこであっても，どのような教師から教育を受け
ても，一定水準の学力を保障することが必要であり，そのために国が教育内
容を決定する権限をもつことは違憲ではない。

　このように，日本においては1960年代を中心に，「国民の教育権か，国家
の教育権か」をめぐって，二つの立場が激しく対立していた。それぞれの議
論を検討するなかで明らかになったように，教育権論争が先鋭化させていっ
たのは，まさに「学校は誰のためのものなのか？」という問いに他ならなか
った。そして，この論争のなかで形成された，学校を「国家」と「国民」の
間の緊張関係が顕在化する場としてとらえる理論構成は，教育学の思考枠組
みを（時として，批判や乗り越えの対象となることによって）今なお大きく規定
し続けている。

第Ⅰ部 学校について考える

2. 対立構図の変容

さて，以上のような教育権論争に対しては，旭川学力テスト事件に対する最高裁大法廷判決（以下学テ判決）において一定の方向性が示されたといわれる。

結論からいえば，この判決では，「国民の教育権」および「国家の教育権」の双方がそれぞれ一定の範囲において認められた。すなわち，学テ判決では，一方において，憲法第26条が子どもの学習権を保障した規定であり，親や教師には教育の自由があることを認めたうえで，他方において，その自由は合理的な範囲において制限されることがあり，一定の条件のもとで国が教育内容を決定する権限があることも認めたのである。「国民の教育権」論と「国家の教育権」論の「いずれも極端かつ一方的」であるとしたこの判決から，論争は「国民の教育権か，国家の教育権か」を二項対立的に問う段階から，両者の妥当な「範囲」を問う段階へと移行した。学テ判決いわく，子どもの教育は「専ら子どもの利益のために行われるべきもの〔中略〕であるけれども，何が子どもの利益であり，また，そのために何が必要であるかについては，意見の対立が当然に生じうる」。しかし，憲法は「このような矛盾対立を一義的に解決すべき一定の基準を明示的に示していない」。そうであるならば，子どもの教育にかかわる「関係者らのそれぞれの主張のよって立つ憲法上の根拠に照らして各主張の妥当すべき範囲を画するのが，最も合理的な解釈態度というべきである」と（最大判昭和51年5月21日　刑集30巻5号615頁）。したがって，学テ判決は教育権論争の終結を意味しない。公教育が子どもの学習権を保障するためのものであることを前提として，「子どもの学習権が保障された状態とは，どのような状態をいうのか」，子どもの学習権を保障するために「誰が，どのような役割を，どのような範囲で担いうるのか」という問題が，なお未解決の問題として残されたのである。

第2章　学校は誰のためのものなのか？

第3節　新しい「公共性」のほうへ

　前節では，1960 年代の教育権論争に着目しつつ，「国民の教育権」論と「国家の教育権」論の対立関係を検討したうえで，学テ判決以降，論争は「国民か，国家か」を二項対立的に問う段階から，公教育が子どもの学習権保障を前提としたうえで，子どもの教育にかかわる関係者がそれぞれ教育権を行使しうる，妥当な「範囲」を問う段階へと移行したことを確認した。

　だが，「国民か，国家か」の二項対立図式が崩れたのは，こうした意味においてだけではない。本節では，特に 1990 年以降顕在化してきた「国民国家」の揺らぎという事態に着目しながら，新しい公共性の考え方とともに，「学校は誰のためのものなのか？」という問いへの応答もまた，新たな思考枠組みにおいてなされるようになってきたことを確認する。

1.「国民国家」の揺らぎ

　教育権論争の検討を通して明らかになったように，これまでの教育学の議論では，「学校は誰のためのものなのか？」という問いに対して，国家対個人という対立図式を前提としたうえで，大きく分けて「国民のため」と「国家や社会のため」という二つの立場から回答してきた。この二つの立場は，「教育権が国民に帰属するのか，国家に帰属するのか」に関しては鋭く対立してきたものの，ここで言われる「国民」とは誰を指しているのか，誰が国家を形成するのかという点に関しては，両者ともに自明の前提としてきた。しかし，その後，とりわけ 1990 年代以降に顕在化してきたのは，「国民国家」の自明性そのものに対する根本的な懐疑だった。すなわち，統合された一つのまとまりとしての「国民」が，一つの「国家」を構成するという「国民国家」の虚構性が暴露されるという事態である。

　「国民の教育権」論において，親や教師を中心とした「国民」は，「国家」との関係において，全体として一致した利害関心を有するものと想定された。しかし実際には，「国民」は，「国民の教育権」論が想定したようには一枚岩

33

第Ⅰ部　学校について考える

ではないことが明らかにされてきたのである。親の要求は実に多様であり，子どももまたきわめて多様な学習要求をもっている。さらに，「国民の教育権」論においては，教師は教育の専門家として親からの委託を受け，親の義務を代替するにあたり，子どもの教育に関して広い裁量権（＝教育の自由）を有するべきとされた。しかし，親と教師の関係もまた必ずしも調和的であるといえないばかりでなく，子どもからすれば，権力の具体的な担い手として現れるのは国家というよりもむしろ教師であるなど，「国民」の内部においてもさまざまな緊張関係および権力関係が存在することが顕在化してきたのである。

　また，より広い政治的な文脈に目を向けてみても，多文化化・グローバル化の進展とともに，国家を形成する政治的主体は，いわゆる文化的なまとまりとしての「国民」とは一致しなくなってきた。というのも，それまで「国家」のメンバーシップの中心を担ってきた日本国籍を有する成人男性だけでなく，外国人や難民を含め，さまざまな背景やマイノリティ性をもつ人びと，NGO や NPO といった市民団体が政治的主体として，多様なルートやレベルで「政治」に参加するようになってきたからである。こうして新しくとらえ直された政治的主体を，文化的なまとまりという意味での「民族」（nation）と区別して「市民」（citizen）と呼ぶことで，「国民」概念の再定義を行おうとする議論もある（小玉 2003）。

　このように「国民か，国家か」という枠組みではとらえられない動きが生じるなか，教育学における教育権論争のような二項対立的な図式もまた，批判や乗り越えの対象と見なされるようになっていった面がある。たとえば，小玉重夫（1960-）は『岩波講座 教育 変革への展望』第 1 巻（2016 年）において，社会活動家で内閣府参与や内閣官房社会的包摂推進室長などの経験もある湯浅誠（1969-）と「教育と政治の関係をどう再構築するか」と題された対談を行い，1990 年代以降の教育をめぐる政治的状況の変化と冷戦期の教育学が現代に残した課題について，以下のように論じている（佐藤ほか編 2016）。湯浅の発言も含めて，少し長くなるが引用したい。

34

第2章　学校は誰のためのものなのか？

湯浅「〔国家対個人という〕縦の関係を強調する反面，日本のリベラリズムには横の包摂という視点が弱かったように思います。全共闘などの学生運動が盛り上がったとき，外国人や女性，障害者などが運動の内外で異議申し立てをして，一九七〇年代以降の新しい社会運動を形づくっていきましたが，こうした問題について，当時の運動は，うまく包摂することができませんでした。縦の関係には敏感でしたが，横の包摂と合意形成に失敗してしまったのです。〔中略〕その一方で，八〇年代以降の消費社会化で価値観が多様化し，九〇年代にはグローバル経済が急速に浸透していき，国家対個人という縦関係では捉えられない問題もたくさん出てきました。」（佐藤ほか編 2016: 29）

小玉「〔日本の社会運動が横の包摂に失敗したという指摘は〕教育界にも重なります。かつては，旧文部省・自民党と革新系野党・組合という対立構図の中で，教育界は動いてきました。そうした構造が生まれる冷戦構造という背景もあったし，湯浅さんのいわれる縦関係の権力に敏感になるという点では，そのことにも一定の意味があったとは思います。ところが，そうした構造は現在，大きく変化してきました。文部科学省にしても，教育委員会や組合にしても，教育界の外の集団に対しては共通の利害や一定の既得権益を持ったグループとして結束している面もあります。他方で，教育界の外側に位置していた多様なアクターが教育の世界に参加しつつあります。たとえば，学習支援団体やNPOなどです。また，学校内部においても，教師だけでなく，図書館司書，スクールカウンセラー，スクールソーシャルワーカー等々，いろいろな職種の人が生徒と関わるようになっています。こうした状況の中で，多様な視点や利害を持った人たちと，どう向き合い，どのように調整をしていけばよいのかが新しい課題となってきていると思います。」（佐藤ほか編 2016: 36）

2. 異質な人びとの間に生まれる「公共性」

　ここで新たな課題として見出されているのは，学校あるいは社会が，それ

ぞれ異なる背景や価値観，利害関心をもった人びとの関係性から成る空間であること，そして，そうした互いに異質な人びとがどのように向き合い，協働していくかという問題である。この問題は別の箇所で，「新しい包摂の形，すなわち『新しい公共性』をどう形づくっていくのか，ということ」であると指摘されている（佐藤ほか編 2016: 30）。

これまで，公共性は国家に関するもの，すなわち「官」（official）の意味で理解されることが多かった。「国民の教育権」論のように，「国家からの自由ないし教育の私事性を保障することによってこそ，教育の公共性を担保することになるのだ」と考える場合であっても，国家対個人の対立軸のなかで，国家との関係性において公共性が考えられていたという点は共通している。

しかし，「国民国家」の揺らぎが指摘され始めた1990年以降，政治学を中心に展開してきた比較的新しい「公共性」の考え方が，教育学にも導入されるようになってきた（先に挙げた小玉は，教育学に新たな「公共性」理解を導入し，教育の公共性のあり方を論じてきた代表的論者の一人である）。こうした新しい公共性論の理論的基盤となっているのは，ジョン・デューイやハンナ・アレント（Hannah Arendt, 1906-1975），ユルゲン・ハーバーマス（Jürgen Habermas, 1929-）をはじめとした多岐にわたる議論であり，論者によって強調点はかなり異なるし，その議論の射程にもかなりの幅がある。だが，これらの論者に共通しているのは，「公共的」（public）の意味を必ずしも国家の活動と関係するものと同義にはとらえず，人びとの複数性を前提として，そうした異なる他者との相互行為にかかわるものとして理解しようとしていた点である。紙幅の都合上，ここでは特にアレントの議論に着目して，この点を検討してみよう（デューイやハーバーマスについては，それぞれ公共性論の代表的著作を章末に挙げておいたので，ぜひ参照してほしい）。

ハンナ・アレントは，第二次世界大戦後のアメリカで活躍した，ドイツ系ユダヤ人の政治思想家である。1906年にケーニヒスベルクに生まれ，大学では哲学や神学を学んだ。大学在学中に，マルティン・ハイデガー（Martin Heidegger, 1889-1976）やカール・ヤスパース（Karl Jaspers, 1883-1969）から強い影響を受けたことが知られている。ナチスの迫害を逃れるため，1933年

にフランスに，1941年にはさらにアメリカに亡命した。戦後はアメリカの
諸大学で教鞭をとる傍ら，多くの著作や論稿を残した。

　アレントにとって生涯の問題は，私たちは「全体主義」という経験のあと
で，政治や公共性の意味をどのように理解しうるのかということだった。彼
女は1958年に刊行された主著『人間の条件』において，「公共的」であると
いうことを，「現われ」（appearance）と「世界」（world）という二点から論じて
いる（アレント　1994: 75-87）。「現われ」とは，言論や行為を通じて，人びと
が社会的役割や属性のフィルターを通してではなく，それぞれ互いに唯一で
固有の存在として他者に「見られ，聞かれる」ことを指す。こうした経験を
アレントは「活動」（action）とよび，この「活動」に政治という営みの核心
を見出した。こうした政治理解の背景には，もちろん彼女の全体主義への批
判がある。ユダヤ人は，固有名をもつ存在としてではなく，「ユダヤ人」と
して強制収容所に送られ虐殺されたのである。アレントによれば，「活動」
という経験は人間に固有なものであり，私たちは「活動」において，他者か
ら「見られ，聞かれる」ことによってはじめて，自らの存在と世界にリアリ
ティの感覚をもつことができる。さらに，私たちが個人の意図を超えて，ま
ったく予期しえない新しい出来事を始めることができる自由を手にするのは，
他者と共有される「活動」の経験においてだけである。ひるがえって，「私
的」（private）であることは，こうした公共的な経験が「奪われている」（de-
prived）ことを意味している。

　　完全に私的な生活を送るということは，なによりもまず，真に人間的な
　　生活に不可欠な物が「奪われている」deprived ということを意味する。
　　すなわち，他人によって見られ聞かれるということから生じるリアリテ
　　ィを奪われていること，〔中略〕生命そのものよりも永続的なものを達
　　成する可能性を奪われていること，などを意味する。私生活に欠けてい
　　るものは他人である。逆に，他人の眼から見る限り，私生活者は眼に見
　　えず，したがって存在しないかのようである。（アレント　1994: 87-88）

第Ⅰ部　学校について考える

　第二に「世界」とは，こうした「活動」の経験を共有する人びとの間にその都度創出される，「関係の網の目」(the web of relationship) ないし「現われの空間」(space of appearance) のことを意味している。アレントは，こうした意味での「世界」をテーブルに喩えて，「世界の中に共生するというのは，〔中略〕世界がそれを共有している人びとの真中にあるということを意味する」という。「つまり，世界は〔中略〕人びとを結びつけると同時に人びとを分離させている」のだと（アレント 1994: 78-79)。人びとの「間」に「世界」があるということは，人びとが「世界」を介して互いに結びつけられていると同時に，人びとがそれぞれ異なる存在と見なされているということを意味する。というのも，「間」が生じるのは，一方で複数の人びとが何らかの対象に対する関心を共有しており，かつ他方では，その人びとが同質のものとしてひとまとまりにされずにいるときだからである。そして，こうした空間は人びとの「活動」の経験が生じているかぎりにおいて，その都度生起するものである。このことは，「世界」が「活動」に先んじて存在するようなものではないこと，また同時に，「活動」が潜在的にはあらゆる人びとに開かれているのと同様に，「世界」もまた潜在的にあらゆる人びとに開かれていることを意味している。

　以上のように，アレントにおいて政治や公共性は，人びとが互いに異なる存在として出会い，これまでまったく考えられなかったような新しい出来事をともに始めるときにはじめて成立するものだということができる。先にも述べた通り，今日の公共性論において論点となっていることは多岐にわたっており，その依拠する議論や強調点についても論者によってかなりの幅がある。したがって，当然のことながら，アレントの議論をその唯一の理論的基盤と見なすことはできない。だが，アレントの議論に象徴的に見られたように，公共性をめぐる問題を必ずしも国家との関係に還元せず，むしろ異なる背景をもつ人びとの間に生み出される関係から考えようとする点は，今日の公共性論に共通の問題関心であるといえるだろう。

　このような新しい「公共性」の考え方をふまえるならば，学校はそれ自体公共的な場であるとともに，公共性を可能にしていく場でもあるといえる。

というのも，学校はまさにさまざまな背景をもったアクターが出会い，教育をめぐって意見を交わしあうことを通じて，人びとの異質性を前提とした新たな共同性を生み出す場に他ならないからである。そうした意味において，学校は「公共性それ自体のため」にあるとも考えられる。

　また，こうした公共性についての考え方は，国家対個人という二項対立図式を組み替えるとともに，「国民とは誰か」「国家を形成するのは誰か」を問い直し続ける力を有している。すなわち，この考え方においては，「公共性」の担い手は限定されたメンバーシップにかぎられない（アレントにおいて，「世界」が潜在的にあらゆる人びとに開かれていたことを思い出してほしい）。むしろ，そうした包摂と排除の境界線を常に引き直すことこそが，公共的な活動であると考えられるのである。それゆえ，「学校は公共性それ自体のためにある」ということは，「学校は誰のためのものなのか？」と問い続けること，そしていまだ見ぬ他者のために，「誰のため」の「誰」を可能な限り開いていくことを意味してもいるのである。

第4節　結びに代えて

　以上，本章では「学校は誰のためのものなのか？」という問いに対して，これまで教育学がどのように応答してきたかについて検討したうえで，国民国家の揺らぎと新しい「公共性」理解によって，「国家」と「国民」との内実が組み替えられてきたことを確認してきた。最後に，こうした新たな展開の先で直面している課題についてふれておきたい。端的にいえば，それは新自由主義以降の公共性をどのように構想しうるかという課題である。

　1990 年代は，公共性についての新しい理解が広まった時代であるとともに，日本において市場原理の導入や規制緩和が進み，いわゆる新自由主義的な政策が主流として推進された時代でもあった。こうした政策傾向は教育においても同様であり，それまで「平等」の原則によって特徴づけられてきた日本の教育システムは解体し，「差異化」を推し進める政策へと転換したといわ

れる。こうした政策傾向は，一方では個人の「選択」の自由を拡大させたが，他方では貧困層が拡大し，教育格差を含むさまざまな格差や不平等の問題が噴出した。この問題について詳細に考察することは，本章の射程を超えている。しかし，ここで問題としたいのは，前節で検討した新しい「公共性」の考え方には，一部ではこうした新自由主義的な動向と重なり合うものとして理解されうる面もあったという点である。先に引用した小玉と湯浅の対談では，新自由主義は「市場価値」という単一の尺度ではあったものの，その尺度において能力さえあれば，社会的な地位や属性などにかかわらず評価されるとしたという点，言いかえれば，新自由主義的な政策が，結果としてマイノリティを解放し，アイデンティティの多様性を促進した側面があったという点が指摘されている（佐藤ほか編 2016: 30）。そして，湯浅はさらに，「公共性は官が独占するものではない」という言い方は，「新自由主義の方便」としても用いられたとも指摘している（佐藤ほか編 2016: 30-31）。このようななかで，今後，教育の「公共性」論は，格差や不平等を助長する動向との間にどのような分断線を引くことができるのだろうか。また，格差や不平等を是正するための重要な手立てとして社会保障制度があるが，社会保障のあり方は，共同体のメンバーシップの問題を抜きに考えることができない。「誰のために」の「誰」を開いたままにしておくという公共性論の成果をふまえたうえで，教育は社会保障を含めた社会システムとどのような関係を結ぶことができるのだろうか。「協働の作法」としての公共性（湯浅誠）をいかに徹底して考え抜くことができるのか，私たちが考えなければならない問いはなお多く残されている。

［村松　灯］

第 2 章　学校は誰のためのものなのか？

● 考えてみよう！

▶ 学校にはどのようなアクターが関わっている（関わりうる）だろうか。

▶ さまざまなアクターの学校に対する「願い」や思いを顕在化させ，新たな公共性を生み出していくためには，どのような仕組みや工夫がありうるだろうか。

● 引用・参考文献

アレント著，志水速雄訳（1994）『人間の条件』（ちくま学芸文庫）筑摩書房（原著，1958 年）

小玉重夫（2003）『シティズンシップの教育思想』白澤社

齋藤純一（2000）『公共性』岩波書店

佐藤学・秋田喜代美・志水宏吉・小玉重夫・北村友人編（2016）『岩波講座　教育　変革への展望 1　教育の再定義』岩波書店

デューイ著，阿部齊訳（2014）『公衆とその諸問題』（ちくま学芸文庫）筑摩書房（原著，1927 年）

ハーバーマス著，細谷貞雄・山田正行訳（1994）『公共性の構造転換（第二版）』未來社（原著，1990 年，初版は 1962 年）

堀尾輝久（1971）『現代教育の思想と構造』岩波書店

第3章

学校で何を学ぶのか／学んでしまうのか？

● 本章のねらい ●

　本章では「明示されていないにもかかわらず，学校で学ぶこと／学んでしまうこと」について検討する。そのためのキーワードは「かくれたカリキュラム」である。私たちは学校教育が目指すものとして明示された顕在的なカリキュラムの他に，かくれたカリキュラムの影響を大きく受けている。かくれたカリキュラムとは，明示されていないにもかかわらず，子どもたちのものの見方や態度，価値観などを形成しているカリキュラムのことである。

　学校教育のなかで私たちは，権力に従うことや，より価値のある文化とそうでない文化がありそうだということ，他人から教えてもらうことこそが学びであるということ，などを学んでしまっている。こうしたかくれたカリキュラムについて理解を深め，かくれたカリキュラムという観点から学校教育について検討できるようになることが，本章のねらいである。

　現在の学校教育に足りないものは何だろうか。このような問いかけがなされると，実に多種多様な答えが返ってくる。

　基本的な読み書きをもっと確実に身につけさせるべきだ。一般常識を身につけたほうがいい。それよりも人間性や協調性などを身につけさせるべきだ。性教育も必要だ。愛国心も必要だ。グローバルな視野も必要だ……。

　教育の目的にそって教育内容と学習支援を総合的に計画したものをカリキュラムというが，あらゆる望ましいことをカリキュラムに詰め込むと，学校はたちまちパンクしてしまう。また，身につけさせるべきことにのみ注目し

ていると，見落としてしまうこともある。そこで本章では少し見方を変えて，「明示されていないにもかかわらず，学校で学ぶこと／学んでしまうこと」について考えてみたい。

第1節 教室内の生活とかくれたカリキュラム

　明示されていないにもかかわらず，学校生活のなかで知らず知らずに学んできたことは何だろうか，という問いに対して，あなたはどう答えるだろうか。

　いきなりこのような問いかけをされても，答えるのは難しいかもしれない。そこで一つ例を挙げてみよう。

　大学に入学して初めての授業，それも大教室での授業をイメージしてみてほしい。授業が始まるまで，あなたはどのように待っていただろうか。おそらく授業開始直前になれば席に着くだろう。歩き回って待つ人は（あまり）いない。また，教壇に立って待つこともないはずだ。そこは教師の立つところであって，学生の席は黒板やスクリーンが見える位置にある。授業を受けるにあたって，学生（児童・生徒）はしっかりと席について待っていなければならない……。

　こうした振舞いや考え方は，私たちがこれまで十数年の学校生活で身につけてきたものである。直接に言葉で教えられていなかったとしても，私たちの体に染みついている。これはまさに，明示されていないにもかかわらず，学校で学んできたことだといえる。

　では，これ以外にどのようなことが考えられるだろうか。次のページに進む前に，少し考えてみてほしい。

第 I 部　学校について考える

　さて，どのようなものが思い浮かんだだろうか。ここでは学生からの意見
として出てきそうなものを三つほど紹介してみよう。

Ａさんの意見：
　私は大人の顔色を窺ったり，人によって態度を変えたりすることを学ん
だと思います。学校には怒る先生や怒らない先生，怖い先生や甘い先生が
います。それぞれの先生がどんな先生なのかを見極めて，この先生なら寝
ても大丈夫だと思ったり，この先生には絶対に口答えしてはいけないと考
えたりして，学校生活を過ごしていました。大人の顔色を窺うことができ
なかったら，学校生活は息苦しくなって，うまく過ごせなかったと思いま
す。

Ｂさんの意見：
　ホンネとタテマエの使い分けが大事だということを学びました。先生は
よく「ホンネでぶつかり合うことが大切だ」といいます。しかし，本当に
ホンネをいい続けていたら，「お前はもう少し考えてものをいえ」などと
いわれました。「ホンネは大事」といいながらも，普段の態度や，周りの
空気や雰囲気が教えているのは，「ホンネとタテマエを使い分けろ」とい
うことだったように思います。むしろ，先生にとって「ホンネは大事」と
いうのがタテマエで，「タテマエを使え」というのがホンネだったのかも
しれません。

Ｃさんの意見：
　時間をかけて一生懸命取り組むべきことと，その必要のないことがある，
ということを学んだように思います。たとえば中学校では，高校入試に必
要な国・数・英・理・社に力を入れて，実技科目は片手間で取り組みまし
た。そうしないと，テスト勉強の時間は足りなくなってしまいます。どの
課題が成績に大きく反映されるのか，どの課題が成績に反映されないのか，
ということにも敏感だったと思います。全体として良い成績をおさめられ

44

第3章　学校で何を学ぶのか／学んでしまうのか？

るように，効率の良さとバランスを考えることは大事なことでした。

　こうした学生の意見に対してどのような感想を抱いただろうか。完全にではないとしても，ある程度共感することができたのではないだろうか。「大人の顔色を窺って生活しなさい」，「ホンネとタテマエを使い分けなさい」と明言する教師はいないだろう。しかし，それにもかかわらず，大人の顔色を窺うことや，ホンネとタテマエを使い分けることの重要性を学び，身につけてしまっているのである。それが良いことにせよ，悪いことにせよ。

　このように，学校が教えることを目標として掲げる顕在的なカリキュラムの他に，子どもたちのものの見方や態度，価値観などを形成している潜在的なカリキュラムがある。これを「かくれたカリキュラム」(hidden curriculum) という。学校教育はこうしたかくれたカリキュラムに大きな影響を受けている。

　かくれたカリキュラムを概念として初めて提唱したのは，フィリップ・ジャクソン (Philip Jackson) であるとされる。かくれたカリキュラムは「満足いくような形で学校を通り抜けるなら，生徒 (や教師) が必ず習得しなければならない」ものであり，教室内の生活を特徴づけるものであるとジャクソンは述べた (Jackson 1968: 33-34)。そして教師が限られた資源や時間のなかで子どもたちに顕在的カリキュラムを習得させようとするならば，かくれたカリキュラムを子どもたちに習得させることは不可避のことだった。

　子どもたちは学校に入学すると，集団生活のなかで，自分の欲求を制限することを学んでいく。たとえばある作業にどれほど熱中していたとしても，時間が来れば中断しなければならない。逆に気が乗らなかったとしても，時間になれば始めなければならない。時間や規則に従うことを，子どもたちは学んでいく。それによって，教師は時間通りにカリキュラムを進めていくことができる。また，子どもたちは学級生活のなかで，教師をはじめとする他者からの評価を受けいれることや，権威に従うことも学んでいく。子どもたちは学校で多くの評価にさらされる。ここにはテストによる評価はもちろん，さまざまな会話のなかでの評価や，紙に書かれたコメントも含まれる。また，

45

学業成績や授業以外の生活態度も含まれる。こうした評価にさらされるなかで子どもたちは，自分が行うことだけでなく，それが他者にどのようにとらえられているかが重要であることを学ぶ。さらに，子どもよりも強大な権力をもつ教師を意識し，そのもとで生活していくことも学んでいく。

このようなかくれたカリキュラムは，教師が学級を運営しようとしたときに有効なものかもしれない。しかし一方でかくれたカリキュラムは，顕在的カリキュラムの習得を阻害するものともなる。ジャクソンは，教育に臨む者に対して，こうした教室内での生活の複雑さを意識させようとしたのだった。

その後，1970年代以降，「かくれたカリキュラム」という観点による研究はさまざまに行われ，学校教育が批判的に検討されていった。次節以降では，こうしたかくれたカリキュラムとの関連で，「明示されていないにもかかわらず，学校で学ぶこと／学んでしまうこと」について見ていこう。

第2節　学校は無色透明でも中立でもない

1. 学校は特定のイデオロギーを浸透させる

十数年間の学校教育のなかで，特定の政治思想や社会思想を植えつけられていると意識したことはあるだろうか。おそらく，自分の通っている学校が，特定の思想に偏ったものだと考えることはあまりないだろう。私立の学校であれば何か特定の宗教に基づいた教育が行われることはある。しかし，特定の社会思想や政治思想を教え込まれているという認識はないだろう。もし特定の政治思想の注入を標榜するような学校があれば，多くの人はそうした学校に何か恐ろしさのようなものを感じるのではないか。そしてそうした学校と比較して，自分の学校がいかに中立的な考えに基づいているかを感じ，安心するのではないか。

しかしながら，公立の学校も含めて，学校というものは特定の思想を確かなものにするイデオロギー装置として働いているといわれる。

そうした論者の代表的な一人がマイケル・アップル（Michael Apple）である。

アップルが論じたのは，中立に見える教育が決して中立的な営みではないということだった。教育者は，自覚していようといまいと，教育制度の本質からして政治行動にたずさわっている。また，教育実践は，根本的に不平等をもたらす制度や，そこでの人びとの意識形態から完全に切り離すことはできない。

　現代社会に支配的なのは企業の文化である。そして企業は支配者層になる一部の優秀な人材と，かれらに従う従順な労働者を求めている。その企業の文化を浸透させた学校もまた，一部の優秀な子どもと，かれらに従う従順な子どもたちを作り出そうとしている。

　　他人が予め選定した行動によって他人が予め定めた目標のために働くという仕方を習得することによって，生徒たちは，ひとが果たすべき役割がすでに社会の網の目の中で決定されているような，ますます企業的・官僚主義的になっている社会のなかでの働き方をも同時に習得しているのである。それぞれの役割の中には，その役割にふさわしい思考法がすでに組み込まれているので，生徒たちは，役割を遂行するのがまともな生き方だと教えられてさえいれば，往々にしてかなり疎外されている役割でも気持ちよくこなしていける。(アップル 1986: 223-224)

　考えてみれば，学校の教室とは特殊な空間である。のどが渇いても勝手に飲み物を飲むことは許されず，おなかが減っても食べ物を食べることは許されない。トイレに行きたくてもまずは許可を得なければならない。自分の関心のないことでも，とりあえず静かに聴いていなければならない。教室では自らの欲求を押さえ込み，管理の対象とならなければならない。それは当初困難かもしれないが，管理に従順である態度は，次第に自然なものとなっていく。私たちは現代社会の多数派の論理を，知らず知らずのうちに学び，自分のなかにしみこませてきているのである。

2. 学校は正統なる文化を再生産する

1. の説明を聞くと，次のように反論する人もいるだろう。「社会が資本主義によって回っているのだから，そこで成功するためには従順な態度を学ばざるをえないのではないか。学校では，努力と才能に応じて上昇の機会が与えられる。学校が社会で成功するチャンスを平等に与えてくれている点を評価すべきだ」と。

学校が社会の平等化や機会の均等に寄与するという考え方は，長い間信じられてきた。しかし，1970年代頃から，この考え方に疑問が投げかけられている。学校は社会の平等化に寄与するものであるどころか，学校こそが既存の社会的不平等を再生産しているというのである。代表的な論者としては，先述のアップルの他，ピエール・ブルデュー（Pierre Bourdieu, 1930-2002）らが挙げられる。

ブルデューは「文化資本」という概念を用いて再生産を説明する。「資本」とは一般的には経済資本，すなわちカネを指す。経済資本を有している人はその経済資本を用いてさらに経済資本を獲得する。投資をしたり，事業を起こしたりしてさらにお金を稼ぐことと考えればよい。富める者はますます富み，貧しき者はますます貧しくなる。こうした資本の考え方が，文化にも当てはまるというのがブルデューの考えである。つまり，富める者がますます富むように，文化資本を有しているものはさらなる文化資本を得やすく，文化資本を有していない者は獲得困難な状況下に置かれることとなる。

たとえばクラシック音楽を考えてみよう。クラシック音楽のコンサートを聞きに行くこと自体は，どのような人にとっても可能である。しかし，クラシック音楽を楽しむためにはそれなりの知識が必要となる。その知識が家族をはじめとする身近な人から得られる環境にある子どもとそうでない子どもとでは，クラシック音楽への親しみやすさは異なるだろう。そして一度クラシック音楽に親しみはじめれば，クラシック音楽に関する知識は累積的に獲得されていく。

これを学校教育にあてはめて考えてみるとどうか。学校教育で正統なる文化とされるのは，クラシック音楽をはじめとするハイ・ステイタスな知識で

ある。学校教育は中産階級の文化資本をごく自然なものとみなし，すべての子どもたちがそれを平等に獲得しうるかのように振舞っている。しかしながら実際には，中産階級の文化に接するための言語的な能力や社会的な能力をすでに獲得している子どもたちの方が，有利に構造化されているというのが，ブルデューの考えである。

学校教育は平等のように見えて，学校教育以前に得られた文化資本の多寡によって不平等が組み込まれている場所なのである。しかもその構造は，学校教育は平等であるという言説によって巧妙にかくされている。そのため，平等なはずの学校教育でうまくいかない者たちのなかには，進学や上昇の機会が与えられても，自分はそこに馴染まないと考え，自主的に撤退してしまう者もあらわれることになる。これが再生産論者の暴いた学校教育の構造的な不平等であった。

では，こうした再生産論を意識したうえで，私たちはどのような対応を取りうるだろうか。もちろん，答えは一つに定まらない。ここでは検討のヒントとして，教育と文化に関する二つの異なる立場を示しておこう。

一つは主流文化に対する抵抗である。たとえばパウロ・フレイレ（Paulo Freire, 1921-1997）は，支配階級による価値の再生産を暴き出すにとどまらず，抑圧に対する抵抗やそこからの解放を目指した（Freire and Macedo 1987）。教材が学習者の生活現実からかけ離れていると，学習者は単に教師から知識を伝達される客体と化し，沈黙の文化に貶められてしまう。そうではなくて，文字を読むことは，学習者が自らを取り巻く生活現実を対象化し，それを批判的にとらえることを伴っている必要があるとフレイレは考えた。

もう一つは，主流文化へのアクセスを保障することである。たとえばエリック・ハーシュ（Erick D. Hirsch, Jr., 1928-）は，学校の教科課程から伝統的な文化を締め出すことには問題があり，むしろ積極的に教えるべきだと主張する（ハーシュ 1989）。ある程度恵まれた家庭の子どもは，自分以外の読み書きのできる人たちと毎日接触することによって主流のリテラシーを身につける。しかし，それほど恵まれていない家庭の子どもたちは，そうしたリテラシーをもった人たちとの交流がないため，伝統的な文化情報を学校でしか学

第 I 部　学校について考える

ぶことができない。こうした子どもたちは知識を剥奪されているのであって，その状況への対抗策は，不可欠な情報を学校で得ることができるようにすることであるとハーシュは考える。

　このように，主流文化を意識したとしても，対応のしかたは一つに定まるわけではない。再生産論を踏まえたうえでいかにして建設的な議論を行っていくかという問いには，今後も引き続き取り組んでいかなければならない。

3.「女の子」は学校でつくられる

　学校が子どもたちに特定の思想やものの見方，考え方を植えつけるということでいえば，ジェンダーという視点も重要である。マイラ・サドカー（Myra Sadker）とデイヴィッド・サドカー（David Sadker）は，1980 年代から1990 年代の学校観察を通じて，教師のもつエネルギーや関心が男子に集まり，女子を差別した授業が知らず知らずのうちに続けられていることを明らかにしている。

　　教室には二つの世界がある。活発に行動する男子の世界と，何もしないでいる女子のそれだ。教室内のやりとりはもっぱら男子に向けられる。質問するのも答えるのも男子生徒。自分の考えを口にして，よく考えましたねと褒められるのも男子。違うんじゃないかと言われるのも男子。答につまったとき，助けてもらえるのも男子。すべては男子を中心にして回っている。（サドカー 1996: 66）

　もちろん，女子が質問に答えることもあるし，褒められることもある。しかしサドカーの調査では，教師が対応した時間の割合は，女子に対してよりも男子に対しての方が長かった。男子に対しては具体的に間違いを注意し直させるのに対して，女子に対して教師は批判的な対応をしておらず，「よくできました」という実質の伴わない言葉でお茶を濁すことも見られたという。また，サドカーは教材に関しても問題があることを指摘している。歴史の教科書に女性の偉人はほとんど現れない。物語や絵本では，男の子は冒険し自

第3章　学校で何を学ぶのか／学んでしまうのか？

ら動くが，女の子は助けてもらう側であり，見守る側である。このようなことが積み重なり，まさに「女の子」は学校でつくられるのである。

　1960年代半ば以降アメリカでは，実質的な男女平等や，女性の地位向上と権利獲得を求める運動が行われていた。また，女らしさや女性の役割に関する固定観念の問い直しも進められていた。それにもかかわらず，1990年代アメリカの学校教育には，無意識のうちに「女の子」をつくりあげるような側面が色濃く残っていたのである。

　こうした傾向は日本にも当てはまる。筆者の小学生時代にも男女平等は重要なテーマだったが，女子より男子を優先する暗黙の理解も残っていたように思う。たとえば，名簿は男女別で，男子から始まっていた。当時筆者やクラスメイトはそれを当然のように受け取り，疑うことすらなかったが，その名簿によって，さまざまな点で，男子が先，女子が後という文化が出来上がっていた。順序が名簿順になる場面では，必ず女子は男子の終了を待たなければならない。代表的なのは卒業証書の授与だろう。卒業証書が全文読まれるのは名簿で一番に来る代表の生徒だったが，その代表はいつも男子だった。小さなことだと思うかもしれない。しかし，「目にも見えないほどの微かな不公平が，積もり積もって強力な影響力を持つようになるのである」（サドカー 1996: 68）。男子が先で女子は後，という意識下の思い込みは，疑われもしない常識として浸透していたのである。

　近年では，運用上の困難が指摘されながらも，男女混合の名簿も多く見られるようになった。かくれたカリキュラムという観点で学校教育を検討し，その検討結果をもとに，学校教育の改善につなげようとしているのである。もちろん，男女混合名簿であればすべて良いというわけではない。子どもたちに暗黙のうちに伝えてしまっているメッセージを自覚的に問い直し，そこに問題があるなら改善に向けた議論を行うことが重要なのである。

第3節　権力への自発的な服従

　ここまで，学校において知らず知らずに伝えられてしまっているメッセージを見てきた。次に，学校というシステム自体がもつ性質について見ていこう。

　学校で私たちは権力への服従を学んでいる，といわれたら，あなたは納得できるだろうか。学校では「自分で考え行動しよう」といった内容が頻繁にスローガンとして掲げられるし，自分は自分で考えるように学んできたと反論する人もいるかもしれない。しかし，そこでいわれた「自分で考えて行動する」という言葉には，「教師の意に沿うように」という限定が暗に付されてはいないだろうか。

　時間までに着席すること，与えられた課題をこなすこと，教師の指示に従うこと。こうした一連の動きは，権力に服従している証である。あまりに当然のことで，本人には権力に服従しているという感覚すらない。しかし，私たちは管理システムのなかで，権力に対して自発的に服従しているのである。

　こうした自発的服従について論じたのは，ミシェル・フーコー (Michel Foucault, 1926-1984) である。フーコーは，『監獄の誕生―監視と処罰』のなかで，近代の管理システムの起源をパノプティコン (一望監視施設) に見出した。パノプティコンとは，イギリスの思想家ジェレミー・ベンサム (Jeremy Bentham, 1748-1832) が考案した刑務所である。この刑務所は，監視者の入る中央の塔と，それを取り囲む円環状の建物からなる。円環状の建物は放射状に区切られた独房になっており，囚人は壁によって他の囚人と断ち切られて個人化されている。さらに，独房は塔側と外壁側の両側に備えつけられた窓により筒抜けになっており，塔にいる監視者は独房の隅々まで見通すことができる。囚人はつねに監視者に姿をさらしているが，逆光のため囚人からは監視者を確認できないようになっている。

　これによって囚人は，群集としてあったときには可能だった情報交換や，依存や共存ができなくなり，区分された個々人の集まりになる。情報伝達を

第3章　学校で何を学ぶのか／学んでしまうのか？

行う主体にはなれず，常に客体であることになる。そしてこの刑務所では，監視者はつねに監視している必要はない。なぜなら，「自分は監視されている」と囚人が永続的に自覚する状態を作り出しているからである。このように，監視されているという自覚を内面化させることによって，囚人たちの服従を作りだしているのである。

　こうした権力のあり方は，近代の特徴であるとフーコーはいう。近代以前には，王の戴冠式に見られるように，権力者は自らの強さを誇示し可視化し，逆に非権力者を不可視化することで権力を行使していた。これに対して近代では，観兵式に見られるように，非権力者たる臣下は権力者の姿を見ることができず，逆に見られているという意識をつねにもつ。一方的に見られているという関係性のなかで，臣下は客体となり，権力に服従するのである。

　そしてフーコーは，こうした権力が自動化されるシステムが近代の学校にも適用されていると述べる。近代の学校システムは，「規律・訓練」という概念によって子どもたちを秩序のなかにはめ込んできた。さらに試験は，こうした権力への服従を促す「客体化の儀式」であるという。

　　試験とは，権力が自らの強さの表徴を明らかにするかわりに，また自らの標識を当の相手〔＝主体〕に押しつけるかわりに，ある客体化の機制のなかで当の相手をつかまえる場合の，そうした技術である。規律・訓練的な権力は，自らが支配する空間のなかでは，客体を計画配置することで，根本的に自らの勢力を明示する。試験はいわば，こうした客体化の儀式に相当するわけである。(フーコー　1977: 190)

　試験を受ける子どもたちは，教師の側から一方的に知られる対象となる。そして自らが見られているという意識によって，子どもたちは権力にとって都合のいい人格へと形成されていくのである。そこに仮に「自発的に」という修飾語句がついたとしても，それは「自発的に服従する」ことでしかない。フーコーは，学校のもつ権力性を，鮮やかに暴いたのである。

　子どもたちは時間通りに行動することが良いことだと認識するようになる。

53

第Ⅰ部　学校について考える

教師の指示に従うことが当然のことだと考えるようになる。それが良いことだと疑わなくなっていく。そのようにして，学校という一種の権力に自発的に服従する主体が作り出されていくこととなる。

第4節　学校化

　かくれたカリキュラムの観点による批判は学校の学習内容や学習様式だけでなく，学校制度や社会そのものをも対象とする。その代表的なものが，イバン・イリイチ（Ivan Illich, 1926-2002）による『脱学校の社会』である（なお，Illich は「イリッチ」と表記されることもある）。

　イリイチによると，私たちは学校教育のなかで，多くの勘違いをしてしまうという。本来，人の成長は測定のできる実体ではない。しかし，学校における学習は，すべてのものが測定できるような世界に子どもたちを巻き込んでいく。そうして子どもたちは，出席日数が多ければ多いほど，テストの点数が高ければ高いほど，多くを学んだと勘違いしてしまう。測定できないものは二の次となる。このようにして，価値は測定可能だと思い込み，自分の外部にある制度によって価値が決定されることに慣れていってしまうのである。

　　「学校化」（schooled）されると，生徒は教授されることと学習することとを混同するようになり，同じように，進級することはそれだけ教育を受けたこと，免状をもらえばそれだけ能力があること，よどみなく話せれば何か新しいことを言う能力があることだと取り違えるようになる。彼の想像力も「学校化」されて，価値の代わりに制度によるサービスを受け入れるようになる。医者から治療を受けさえすれば健康に注意しているかのように誤解し，同じようにして，社会福祉事業が社会生活の改善であるかのように，警察の保護が安全であるかのように，武力の均衡が国の安全であるかのように，あくせく働くこと自体が生産活動である

かのように誤解してしまう。(イリッチ 1977: 13)

イリイチの問題意識は，こうした学校化が社会全体に蔓延しているということにあった。一度学校という制度の必要性を受けいれてしまうと，人びとは学校以外の制度の必要性も受けいれるようになってしまう。価値やその判断が自分自身の外に置かれることを疑わなくなってしまう。そして，豊かな想像力は失われていくことになる。

若者が，一たび自らの想像力をカリキュラム的教授活動によって形成されることに甘んじてしまうならば，彼らはどんな種類の制度的計画をも受け入れる状態になる。彼らは「教授」されることによって想像力の発展をはばまれてしまう。彼らは全然別のものによってではなくただ足りないものでごまかされるだけになる。なぜならば，彼らは希望を期待で代用することを教えられたからである。(イリッチ 1977: 80-81)

価値や希望は，本来他者に決められるものではなく，自らが決めるものである。他人の真似をするのではなく，想像力に富んだ努力によって，人は成長していく。しかし，学校化されてしまうと，成長は何かの数量化された尺度で測られなければならず，つねに他人と比べられるものとなる。成長や健康，社会生活の改善といった価値を自らの内に求めず，外的な枠組みに求めるようになってしまう。イリイチは制度化された価値のもとに暮らす現代人の姿を批判し，価値が転倒してしまった社会の状況を改善しようと主張したのである。

なお，イリイチが学校をなくせと言っているわけではないことには注意が必要である。彼が求めたのはあくまで，社会の脱学校化である。

第Ⅰ部　学校について考える

第5節　教育に関する二つのパラドックス

　さて，ここまで読んできて，学校が恐ろしいもののように見えてきたかもしれない。しかし，私たちは安易に学校を捨てるわけにはいかない。では，私たちは学校教育をどう考えたらよいのだろうか。ここではそのためのヒントとして，あるいは勇気づけとして，教育に関する二つのパラドックスを紹介しよう。

1. 他律を通して自律を育む

　まずはあえて，かくれたカリキュラム研究から時代を遡り，再びイマヌエル・カントの言葉に耳を傾けてみよう。カントは「人間とは教育されなければならない唯一の被造物である」（カント　2001: 217）と述べ，人間は教育を必要とし，教育可能な存在であることを示したことで知られる。また，カントは他律を通して自律を育むという教育に内在するパラドックスを定式化したことでも知られる。

　カントは一方で，子どもから野性を取り除き，思いつくことを何でも直ちに実行しようとするような意味での自由を制限しようとする。そして他方では，子どもを自由へと導こうとする。

　　教育の最も重要な問題のひとつは，法的強制に服従することと自己自身の自由を使用する能力とをいかにして統合できるのかということである。というのも，強制は必要不可欠だからだ！　私は，強制があるにもかかわらず自由〔を使用する能力〕をどのように開発してゆく〔ことができる〕のだろうか。私は，私の生徒を自由という強制に耐えるように慣らしてやると同時に，みずからの自由を正しく使用するように生徒自身を指導すべきである。こうしたことが行われなければ，すべて〔の教育活動〕はたんなる機械論にすぎず，教育を終えたひとでもその自由を使用することができない。（カント　2001: 237-238）

56

第 3 章　学校で何を学ぶのか／学んでしまうのか？

　自律への教育とは，自律へと強制することである。すなわち，他律を通して自律を育むということである。しかし，強制が過ぎれば他律に陥り，自由は育たない。自由を尊重するあまりに放任していたのでは，自律へと導くことはできない (小野原 2004)。このようにしてカントは，教育に内在するパラドックスを問題として定式化したのである。

　これまでの節で見てきたのは，ある目的に向かって教育を行おうとしても，別の深刻な結果が生じうるということだった。教師になろうとする学生にとってみれば，それはどうにかして解消したい問題だろう。しかしながら，カントにしてみれば，教育そのものがパラドックスを抱えているのである。

2.「善さ」がわからないのに子どもを「善く」する

　次に，教育学者の村井実 (1922-) の指摘したパラドックスを見てみよう。村井は，教育とは子どもたちを「善く」する働きであるとしたうえで，カントが述べたのとは異なるパラドックスを指摘した。教育に臨む私たちは，「善さ」とは何かを知らないのに子どもたちを「善く」するというパラドックス的情況にあるというのである。

　　教育とは，もともと，子どもたちを「善く」する働きである。だが，では「善さ」あるいは「善くする」とはどういうことであるかと自ら問うとき，私たちはだれも，絶対的な確信をもってそれに答えることはできない。それにもかかわらず，私たちは，子どもたちを「善く」する意図をもって，不断に子どもたちに働きかけないではおれない。「善い」人間，「善い」知識，「善い」社会，そうしたもののどれについても，私たちは確定的な答を与えることはできない。それにもかかわらず，私たちは，子どもたちが「善い」人間であり，「善い」知識をもち，「善い」社会，「善い」生活を営むことを願わないではおれない。それが教育というものなのである。(村井 1976: 143)

　教育の難しいところは，単に目的 (たとえば，自律) と手段 (たとえば，他律)

第Ⅰ部　学校について考える

とが一致しにくいという点だけにあるのではない。その目的自体が絶対に正しいという確信がもてないという点でも，極めて難しい問題を抱えている。今のところ一番妥当であると考えられる目的があったとしても，それが他の人には妥当でないかもしれないし，時代が変われば妥当なものではなくなっているかもしれない。目的を自明のものとするのではなく，常に批判的に問い直す態度が重要なのである。

　　パラドックスを自覚するかぎり，すべての教師は，ソクラテスのいわゆる，「善さ」についての無知の知をもって活動することになる。つまり，自分の仕事についての十分なおそれとつつしみをもって，子どもたちとともに，自然についても，人間についても，社会についても，どうしてその「善い」理解，より「善い」理解がえられるかを，子どもとともに探し，ともに求めていくことができる。〔中略〕
　　だが，このパラドックスの自覚が失われたばあいには，教師の態度は一変する。彼はおのずから，自分がおかれたパラドックス的情況を苦しみとして受け取り，その早急な解決を求めて，完全な錯誤の道に踏み出すことになる。つまり，「善さ」についての確定的な知識，「善い」人間，「善い」社会，「善い」生活等の確定的なイメージを掲げて，それに向かって子どもたちを追い立てる専制的な活動に熱中することになるのである。(村井 1976: 145-146)

　学級経営をスムーズにすることや子どもに良い成績をとらせることが自明の目的となってしまえば，そこで教師は専制的になる。「これこそが絶対に善いものなのだ」と押しつける，自分勝手な王様になってしまう。かくれたカリキュラムを意識することによって学級崩壊を防ぎ，スムーズな学級経営を行い，子どもの学業成績を向上させることができたとしても，それは本当に「善い」ことなのか。
　教師に求められるのは，そうしたパラドックス的情況を真摯に受け止めることだろう。むしろパラドックスが存在しているからこそ，自己批判的に，

58

慎み深く実践に臨むことができる。教育を行う大人も完全な存在ではない。だからこそ，批判的な探究が求められるのである。

近年，指導に潜むかくれたカリキュラムを意識することによって学級経営改善に生かそうとする議論も行われてきている（横藤・武藤 2014）。こうした議論は，教育実践の改善に前向きな教員にとっても新任教員にとっても，心強いものだろう。しかしながら，それを単に学級経営上のテクニックとして受け取ってしまったのでは，それらの著者の意図をくみ取り損ねることとなる。

ある目的 A のために手段 B をとることで別の結果 C が起こることはよくある，ということを理解することは重要である。その理解に基づいて，目的 A を達成するためのより良い方法を日々探究することも可能である。自らの教育実践を絶えず改善していく態度は教師に求められるものの一つだろう。しかし，目的 A が全く問い直されないのであれば，教師の働きかけは専制的で身勝手なものになりかねない。

探究の精神をもって既存の枠組みを批判的に見つめること，そしてその批判的な視線を自分（たち）自身の実践にも向けること。かくれたカリキュラムという観点による諸々の研究成果によって私たちが立ち返るべきは，このような，教育に臨む者の態度だろう。批判的検討によって学校教育に潜むかくれたカリキュラムに気づくことができれば，第 2 節 3. で述べたように，改善に向けた検討を行うこともできる。そしてそうした批判的思考力を鍛えることができるという点で，教育の思想や歴史を学ぶことの意義はあるように思える。

さて，この章で学んだことが単なる詰め込まれる知識とならないよう願いをこめて，最後に一つの提案をしてこの章を締めくくろう。この本を読んでいる人の多くは大学教育を受けている最中だろうと思う。ではあなたは今，どのようなかくれたカリキュラムを経験しているだろうか。かくれたカリキュラムは小学校や中学校，高校にだけあるのではない。幼稚園や大学にも明示的なカリキュラムがあるのだから，その影のように，かくれたカリキュラ

第Ⅰ部　学校について考える

ムは存在する。そうしたかくれたカリキュラムを，一度意識化してみてほしい。

［間篠　剛留］

● **考えてみよう！**

▶ 自分がこれまでに経験してきた学校教育（大学教育を含む）には，どのようなかくれたカリキュラムがあっただろうか。また，そこで学んできてしまったことを，あなたはどう評価するだろうか。（たとえば，将来役立つ，自分たちの生活を害している，差別につながっている，など）

▶ 学校教育のなかで，より価値の高い文化／より価値の低い文化とされているのはどのような文化だろうか。その背景にあるのはどのような価値判断だろうか。

▶ 学校教育自体の問題が指摘されているなか，学校教育に希望や必要性を見出すとしたら，それはどのような点だろうか。

● **引用・参考文献**

アップル著，門倉正美・植村高久・宮崎充保訳（1986）『学校幻想とカリキュラム』日本エディタースクール出版部（原著，1979年）

イリッチ著，東洋・小澤周三訳（1977）『脱学校の社会』東京創元社（原著，1971年）

小野原雅夫（2004）「自由への教育―カント教育論のアポリア」牧野英二編『別冊情況（特集　カント没後二〇〇年―いま蘇るカントの実践哲学)』情況出版，pp.212-222

カント著，湯浅正彦・井上義彦・加藤泰史訳（2001）『カント全集17　論理学・教育学』岩波書店（原著，1803年）

サドカー，M. & D. サドカー著，川合あさ子訳（1996）『「女の子」は学校でつくられる』時事通信社（原著，1994年）

フーコー著，田村俶訳（1977）『監獄の誕生―監視と処罰』新潮社（原著，1975年）

ハーシュ著，中村保男訳（1989）『教養が，国をつくる。―アメリカ立て直し教育論』TBS ブリタニカ（原著，1987年）

ブルデュー＆パスロン著，宮島喬訳（1991）『再生産―教育・社会・文化』藤原書店（原著，1970年）

村井実（1976）『教育学入門（下）』講談社
横藤雅人・武藤久慶（2014）『その指導，学級崩壊の原因です！「かくれたカリキュラム」発見・改善ガイド』明治図書
Freire, P. and D. P. Macedo（1987）*Literacy: Reading the Word and the World*. London: Routledge.
Jackson, P. W.（1968）*Life in Classrooms*. New York: Holt, Rinehart and Winston.

第Ⅱ部

教育対象について考える

第4章

「子ども」とは何か？

● 本章のねらい ●

　本章では，教育という営みについて考えるための前提となる「子ども」という存在について，哲学的・歴史的に考察していく。そのためにまず，現代の子どもにかかわる問題について考えることから出発し，現代の子どもイメージが形作られていった経緯について，検討を進める。次に，近代の教育思想について考察し，「子ども」を理解するうえで重要な「遊び」についての研究，「遊び研究」の課題を示す。上記をふまえたうえで，教育思想家・実践家たちの子ども観と教育観の関係性・連続性について考察し，「現代に生きる子ども」と大人の関係性について明らかにする。本章の一連の考察を通じて，子どもをどのようにとらえ，子どもと大人の関係性をどのように紡いでいくか，そしてこれからの教育の方向性をどのように描いていけばよいかを考えてもらうことが本章のねらいである。

第1節　子どもをどのような存在としてとらえるか

1.　子ども・教育について考えるために

　「学校で，子どもに，教育を，授ける」。この光景は現代ではごく普通の光景として受け入れられ，人びとの意識に浸透している。しかし，はたして，この光景は昔から当たり前の状態として存在していたのだろうか？　本章ではまず，現代では当たり前に行われている「教育」という営みについて，「本

64

当に子どもは教育されるべき存在なのか？」,「そもそも教育対象としての子どもは, いつ誕生したのか？」という切り口から明らかにしていく。

フィリップ・アリエス (Philippe Ariès, 1914-1984) は, 子どもを大人と区別し, 教育の対象として見るまなざしは中世には存在せず, 子どもは社会的に生み出されたという見方を提示し, 私たちが当たり前に抱いている「子ども観」への見直しを迫った。また教育や子どもにかかわる歴史を振り返るならば, さまざまな思想家・実践家たちが, それぞれの子ども観・教育観を提示してきた。「教育」について考える際,「子ども」をどのような存在としてとらえるかによって, それぞれの語りは全く違うものになる。もし, あなたが教師／教育者と呼ばれる立場になったならば,「子ども」をどのような存在としてとらえ, その「子ども」にどのような「教育」を想定するだろうか。本章では,「子ども観」と「教育」の関係性, そこにどのような歴史的展開があったのか, 教育思想家・実践家たちの子ども観・教育思想の展開に触れつつ確認していこう。

2. 現代の子どもにかかわる問題

現代社会における「子ども」について考えるならば, 田中孝彦が「子どもたちの育ちの危機的状況」(田中 2009: 2) と述べるように, 日本の子どもたちの間では, いじめをはじめとする友達関係の緊張, 不登校や子ども・若者の暴力・殺傷事件が社会問題となっており, 子どもを取り巻く家庭の内部の問題——たとえば児童虐待やネグレクト, あるいは子どもによる家庭内暴力——などの問題も顕在化してきたことが注目される。さらに, 学校教育に目を向けてみよう。教育学者の佐藤学は, 1990 年代後半の論考から子どもたちの「『学び』からの逃走」について言及している (佐藤 1998; 佐藤 2000a) が, 佐藤は, 日本の子どもの危機の中心は, 世界と比べても「学ばない子ども」になっていることにある, つまり勉強・塾に追われる子どもがいる一方で, 大半の子どもが小学校の高学年の頃から「学び」を拒絶し「学び」から逃走している状態にあると指摘した (佐藤 2000b: 9-10)。

1990 年代後半から 2000 年代前半にかけて, 日本の教育界では「ゆとり教

第Ⅱ部　教育対象について考える

育」や PISA 調査（OECD 生徒の学習到達度調査）の結果をめぐって，学力低下論争が生じ，2008（平成20）年から2009（平成21）年の学習指導要領改訂では，なおも「生きる力」という理念が掲げられつつ，「ゆとり」か「詰め込み」かではなく，基礎的・基本的な知識・技能の習得と思考力・判断力・表現力等の育成との両方を追求する方針のもと学校教育が整えられていった。佐藤は，「学び」からの逃走克服の鍵として，「勉強」から「学び」への転換をはかることを挙げている。そのために教師たちに要請される課題は，次の3点である。①「モノや人やこと」との出会いと対話による「活動的な学び」を実現すること，②他者との対話による「協同的な学び」を実現すること，③知識や技能を獲得し蓄積する「勉強」から脱して，知識や技能を表現し共有し吟味する「学び」を実現すること（佐藤 2000b: 58-60）。

　2008（平成20）年の中央教育審議会答申で示されたように，21世紀は知識基盤社会の時代であり，また，近年では情報技術の飛躍的な進化，情報化・グローバル化が人間の予測を超えて加速度的に進展しており，先を見通すことが困難な時代が到来している。こうした複雑で変化が激しい社会のなかで，変化に主体的に向き合い対応できる力，批判的思考力，他者と協働して問題解決にあたる能力などが求められている。こうした能力は，小学校では2020（平成32）年度，中学校では2021（平成33）年度から全面実施される新学習指導要領で育成しようとしているものでもあり，学校教育の改善・充実の好循環を生み出すカリキュラム・マネジメントの促進，「主体的・対話的で深い学び」の実現をはじめとしてその具体的方策が試みられている（文部科学省 2016）。

　顕在化してきた子どもたちの内部の・外部の「危機」ともいえる状況とどのように向き合い，未来が予測困難な時代に，どのような学校教育の方向性を描いていけばよいのか。また，子どもを取り巻く環境について・子どもとのかかわり方について，どのように考えていけばよいのか。改めて考えていく必要に迫られているといえよう。そしてこれらの問題は，私たちが「子ども」という存在をどのようにとらえ，関係性をどう紡いでいくかといった根源的な問題とも関連している。

第4章 「子ども」とは何か？

　私たちはさまざまな場面で「子ども」という言葉に出会うが，あなたは，「子ども」という存在について考えるとき，どのような言葉やイメージを思い浮かべるだろうか。「子ども」という言葉は普段聞きなれた言葉であるし，日常のなかで「子どもとは何か？」，といった問いについて正面から向き合った経験はないかもしれない。教職課程を履修している学生にこの問いを投げかけたとき，次のような答えが返ってくることが多い。(良くも悪くも)純粋無垢，幼い，小さい，わんぱく，儚い，愛らしい，よく泣きよく笑う，よく遊ぶ，未成熟，大人に守られている，など。また，改めて考えてみると大人との線引きが難しくてわからなくなった，という答えもある。私たちは，子どもという存在について考えるとき，「大人とは何か？」といった問題をあわせて考えていく必要に迫られる。上記のどの答えも現代の「子ども」について考える際の重要な視点である。しかし，これらの考えは，はたして，どの時代でも・どこの国でも，普遍的なイメージなのだろうか。

　さまざまなイメージを誘発する「子ども」という存在。この「子ども」という不思議で魅力的な存在について考える哲学と歴史の旅を始めよう。

第2節　「小さな大人」としての子ども

　子ども史という分野を開拓したことでも知られるアリエスは，1960年の『〈子供〉の誕生─アンシァン・レジーム期の子供と家族生活』という著書のなかで，「子ども」という概念が社会的な構築物であること，つまり人びとが子どもや子ども期に対して抱いているある種の感情やイメージは，普遍的なものではなく近代的な歴史的産物であるとの見解を示した。アリエスは，『〈子供〉の誕生』のなかで，次のように述べている。「私たちが出発点として取りあげている中世の社会では，子供期という観念は存在していなかった。このことは子供たちが無視され，見捨てられ，もしくは軽蔑されていたことを意味するのではない。子供期という観念は，子供に対する愛情と混同されてはならない。それは子供に固有な性格，すなわち本質的に子供を大人ばか

67

りか少年からも区別するあの特殊性が意識されたことと符合するのである。中世にはこの意識は存在していなかった」（アリエス 2016: 122，傍点は引用者）。アリエスのこの主張は，大きな反響を呼び，彼の著作の公刊と普及は，日本における子どもの教育をめぐる社会史的・構造的アプローチの展開にも影響を与えている[1]。

　アリエスによれば，近代的な子ども観——子どもを教育や躾の対象としてみるまなざしや，子ども期と大人になった後を区別するような態度——は，西洋で 17 世紀から 18 世紀にかけて生じてきた。当然，現代の私たちが「子ども」と呼ぶ年齢の人はずっと存在してきたのだが，大人と区別される存在としては位置づいていなかったのである。アリエスが「17 世紀における学校の異常なほどの発展は，子供の教育について親たちがもつようになったこの新しい配慮（教育的配慮）の結果である」（アリエス 2016: 386，（ ）は引用者）と述べるように，子どもに対する認識の変化，そして近代の家族と学校の成立は，大人たちの世界から子どもをひきあげさせた（アリエス 2016: 386）。

　中世ヨーロッパでは，7 歳くらいになると子どもは大人の共同体に入り，老若の友人たちとともに仕事や遊びを共有したという（アリエス 2016: 384）。かれらは大人からの保護や特別な愛情を必要とする存在としてではなく，「小さな大人」として扱われ，大人と同じような服を身にまとい，大人の世界の礼儀作法に従った。また，さまざまな年齢の人びとが集まる場では，現代では子どもから遠ざけられている性に関する話題や賭け事などの事柄にも触れていた[2]。中世においては，子どもはその母親，乳母，子守役の手を離れても暮らしていくことができるようになるとすぐに大人の社会に属し，大人と区別されなくなったというが，では大人の共同体に入る以前の年少の子どもは，どのように位置づけられていたのだろうか。アリエスによれば，小さな子どもは死去する可能性があるために数のうちには入っておらず，「子どもはその生存の可能性が不確実な，この死亡率が高い時期を通過するとすぐに，大人と一緒にされていた」（アリエス 2016: 123）。

　アリエスが『〈子供〉の誕生』で示したように，「小さな大人」としての子どもイメージは，芸術上の形象に加えて，習俗という現実のなかにも見出さ

れる。中世にはどんな年齢区分とも無関係な服装がされており、服装によって配慮がなされたのは社会的ヒエラルキーのどの段階にいるかを明示することだけだったという（アリエス 2016: 50-51）。つまり、幼児は産衣を外されるとすぐに、自分の属する身分の他の男性や女性と同じ服を着せられていた。こうした子ども期に対する当時の人びとの態度は、17世紀になると、少しずつ変容を見せるという。少なくとも上流階級の子どもは大人と異なった服装をし、そしてそれ以後になると、子どもの時期に特有の服装が現れ、大人の衣服とは区別されるようになる（アリエス 2016: 51）。アリエスはこの区別に関して、17世紀初頭の多数の絵画にその根拠を求め、ランス美術館にあるフィリップ・ド・シャンパーニュの絵画——アベール家の7人の子どもたちの群像——に見られる「ローブ」という衣服、子どもを大人から識別させる「背中の幅広のリボン」に関する考察、さらに子どもに対する「ズボン」の採用などの経緯をたどり、子どもたちが大人たちと同じ格好をしていた時代から、私たちには身近になっている子ども期に固有の服装にいたるまでの過程を描き出している（アリエス 2016: 51-60）。

　『〈子供〉の誕生』は、4世紀にわたる図像記述や墓碑銘、日誌、書簡などを駆使し、子どもと家族についての「その時代の感情」を明らかにしようとする試みだった。また彼は、絵画や彫刻等に現れた子どものイメージ・描かれ方の歴史的な変化（たとえば子どもの服や子ども単独の肖像画の登場）等に着目し、大人と区別された「子ども期」が近代化の過程で現れたことをその著作のなかで例証した（アリエス 2016）。もちろん、絵画等に示された「子ども」が当時の人びとのまなざしをそのまま表現していると考えることについては慎重にならなければならないものの、私たちが子どもたちを見るまなざしと当時の人びとのまなざしは少し異なっていたかもしれない、と思考を巡らせることはできる。これらの問題はまた、子どもに対するイメージというのは、普遍的ではない——その時代を生きている人びとの物の見方や心性によって変化する——ということを同時に示している。

第Ⅱ部　教育対象について考える

第3節　子どもの発見

　それでは，現代に通じる子どもイメージはいつ頃から現れ始めたのだろうか。「子どもの発見者」とも称されるジャン＝ジャック・ルソー (Jean-Jacques Rousseau, 1712-1778) と 1762 年に刊行された彼の著作『エミール』は，近代教育思想に大きな影響を与え，現代の子ども観への一つの潮流を形成し，教育学の古典としての地位を獲得している。『エミール』(副題は「教育について」) は，エミールという名の少年を家庭教師 (私) が教育していく過程が小説形式で描かれたものであり，ルソーの教育思想が大きく反映された著作の一つである。ルソーは，『エミール』のなかで，次のように述べている。

> 　万物をつくる者の手をはなれるときはすべてはよいものであるが，人間の手にうつるとすべてが悪くなる。〔中略〕若い植物が枯れないように，それを育て，水をそそぎなさい。その木が結ぶ果実は，いつかあなたに大きな喜びをもたらすだろう。あなたの子どもの魂のまわりに，はやく垣根をめぐらしなさい。〔中略〕植物は栽培によってつくられ，人間は教育によってつくられる。(ルソー　2008: 27-28)

　ルソーは，この世に生まれ落ちたばかりの子どもは「自然そのもの」，「善」なる存在であり，文明化された社会との接触によって子どもの自然は失われていくととらえる。そのため，ルソーは子ども期の自然な経験を重視し，社会や人為による影響から子どもを保護しようと考えた。ルソーによれば，「初期の教育は純粋に消極的でなければならない。それは美徳や真理を教えることではなく，心を不徳から，精神を誤謬からまもってやることにある」(ルソー　2008: 171)。また，人間は自然の歩みに沿って段階的に成長していく存在であり，次の段階を準備するために，先を急ぐことなく，それぞれの発達段階を大事に充足させる必要がある。こうしたルソーの教育観は，「積極教育」に対して「消極教育」と呼ばれる。このような考えは，ルソー以前の子

70

ども観——子どもは悪なる存在として生まれるため，厳しい環境に置くべきである——からの大きな転換を示すものでもあった。そして，ルソーは次のようにも述べる。「人は子どもというものを知らない」（ルソー 2008: 22）。「子どもには特有のものの見方，考え方，感じ方がある。その代わりに私たちの流儀を押し付けることくらい無分別なことはない」（ルソー 2008: 162）。ルソーは，子どもは大人とは異なる存在であり，独自性をもった存在であるととらえた。この子ども理解における一大変化は，「子どもの発見」と呼ばれ，その後の教育についての見方を変え，子どもを大人の所有物として扱ってきた旧来の教育から脱し，子どもの権利を承認・保障する新たな教育への道を拓いた[3]。ルソーが提示した「子どもを子どもとしてみる」という視点は，人間の発達における子ども期の固有の権利の発見でもあり，一般的に，ルソーにより基盤が築かれた教育思想を，教育史上では「近代教育思想」と呼んでいる（乙訓 2010: 69）。

第4節　恵まれない子どもへのまなざしと幼稚園の誕生

「子どもは小さな大人ではない」とするルソーの思想は，「民衆教育の父」とも称されるヨハン・ハインリヒ・ペスタロッチ（Johann Heinrich Pestalozzi, 1746-1827），そしてペスタロッチの学校で多くを学んだ「幼児教育の父」，フリードリヒ・ヴィルヘルム・アウグスト・フレーベル（Friedrich Wilhelm August Fröbel, 1782-1852）らにも大きな影響を与えた。ペスタロッチとフレーベルの実践と教育思想は現代の初等教育，幼児教育の原型を形作るものであり，荘司雅子は，ペスタロッチとフレーベルらの教育への貢献について，次のように述べている。「教育の歴史を見ると，学校教育を組織的・理論的に基礎づけ，出発させたのがペスタロッチーであり，教育は誕生と同時に始めるべきことを説き，自らも幼児教育の実践に献身したのがフレーベルであった」（荘司雅子 2006: i）。ペスタロッチは，「王座の上にあっても木の葉の屋根の蔭に住まっても同じ人間」（ペスタロッチー 2008: 7）という有名な言葉を

第Ⅱ部　教育対象について考える

残している。彼は，人間はすべて平等であるとし，すべての子どもを教育の対象としてとらえ，人間性の開発の必要性を説いた。ペスタロッチの仕事によって，富める者だけでなく，貧しい子どもも教育対象となり，学校教育の具体的な方法が提示されることとなった。そしてフレーベルによって幼児のための教育施設「幼稚園」（Kindergarten：「子どもの庭」を意味する）が作られ，現代においても子どもを理解するうえで重要な「遊び」が価値ある学習活動であることが示された。

1.　ペスタロッチと貧しい子どもたち

　ペスタロッチは，「メトーデ」（die Methode）と呼ばれる教育の方法や独自の教育実践を展開した人物として知られている。ペスタロッチは，1746年，スイスのチューリッヒにおいて，外科医の子どもとして生まれたが，医者だった父を5歳の時に亡くし，母のスザンナ・ペスタロッチの手ひとつで育てられた。幼いペスタロッチは，経済的に困難な状態にありながらも，信仰に厚い母のもとで平和と愛につつまれ成長を遂げていった。当初牧師の道を目指した彼だったが，愛国主義運動に関わる事件に連座したことによって退学し，牧師の道ではなく，貧民の救済を生涯の課題としていく（鳥光 2009：166）。1798年，フランス革命の影響を受け，スイスにおいても統一国家「ヘルヴェティア共和国」が誕生し，共和国成立に伴う内戦や混乱を受け，多くの孤児があふれた。ペスタロッチは，スイスの新政府の依頼により，1798年からシュタンツにおいて，50人ほどの貧しい孤児たちと寝食をともにしながら，教育を行った。この時の経験をもとに記された著作は，『シュタンツだより』としてまとめられた。ペスタロッチは，道徳的な人間を育てる基盤として，家庭の教育力を重視し，家庭的な愛情関係を教育の一つの原点としてとらえている。彼は，シュタンツでの経験を次のように綴っている。

　　わたしは彼らとともに泣き，彼らとともに笑った。〔中略〕彼らの食べ物はわたしの食べ物であり，彼らの飲み物はわたしの飲み物だった。わたしは何ものももたなかった。わたしはわたしの周囲に家庭ももたず，

友もなく，召使もなく，彼らだけをもっていた。彼らが達者なときもわ
たしは彼らのなかにいたが，彼らが病気のときもわたしは彼らのそばに
いた。わたしは彼らの真ん中にはいって寝た。夜はわたしが一番後で床
に就き，朝は一番早く起きた。わたしは彼らの寝つくまで床のなかで彼
らとともに祈ったり教えたりしたが，彼らはそうしてもらいたかった。
終始一貫病気伝染のひどい危険に曝されながら，わたしは彼らの着物や
身体のほとんどどうすることもできない不潔をみてやった。（ペスタロッ
チー 2008: 58）

　ペスタロッチのシュタンツでの生活はまさに子どもたちとともにあった。
ペスタロッチは子どもたちと寝食をともにし，朝から晩まで献身的に子ども
たちの救済と教育にあたり，そこには深い「教育愛」が垣間見える。シュタ
ンツにおいてペスタロッチは，家庭的環境に基づいた教育・学校の探求を試
みた。また彼は，子どもたちとの深い関わりのなかから子どもについて，教
育について思索を深め，ルソーの教育思想を，具体的な実践や教育法の形で
世に提示した。稲富栄次郎は，ペスタロッチとルソーの仕事の関連について，
「ペスタロッチはルソオの描いた夢を，ただ夢見るだけにとどまらずして，
あくまで現実に実践しようという情熱に燃えていた」と評し，ペスタロッチ
の教育思想は現実の実践的体験から浸みだし，実践的体験に裏づけられた「魂
の声であり，直接生命の叫び」であったと述べている（稲富 1982: 18-19）。
　ペスタロッチは，シュタンツでの活動ののち，グルニゲルでの静養などを
経て，ブルクドルフの学校において教育事業を展開し，1801年に『ゲルト
ルートは如何にしてその子を教うるか（ゲルトルート児童教育法）』を出版した。
本書はゲスナーという友人に宛てた14通の書簡という形式で書かれており，
その刊行は，ヘルバルト，フィヒテ，フレーベルら教育思想家たちの関心を
集め，また影響を与えた。その後，ミュンヘンブーフゼー，イヴェルドンな
どで学校を開き，教育活動を行った。パウル・ゲルハルト・ナトルプ（Paul
Gerhard Natorp, 1854-1924）は，ペスタロッチの教育学は「教育の合自然性の
原理」に貫かれていると考察している（ナトルプ 2000: 57-60）。ペスタロッ

第Ⅱ部　教育対象について考える

チは，「自然の道」に従い教育内容を配列する教授法を体系化していった。
この教授法は，子どもの内からの働きを援助する，合自然的な方法——「メ
トーデ」——と名づけられた。ペスタロッチは，人間は自分で自分をより良
くしていくことができる存在であるととらえ，子どもの自発的活動や興味を
尊重する姿勢をとっている。そのため，教育の役割は，子どもの自己形成を
援助し，導いていくことであるとの立場に立った。また，彼は子どもたちの
内部に宿る活動性や興味を喚起する方法として，「直観」を重視しており，
啓蒙主義における人間の知性への偏重に対して，人間を全体的・有機的統一
体ととらえる必要性を説き，人間の諸能力の調和的発達をはかる「直観教授」
を提唱した。「直観」は，あらゆる認識の基礎であり，「メトーデ」の出発点・
基本原理である。「直観」を教授法の根底に据える彼の教授法は「直観教授」，
「ペスタロッチ主義」と呼ばれ，ヨーロッパをはじめとして世界各国に広まり，
日本においても明治期の近代学校教育制度の成立期にアメリカを経由してペ
スタロッチ主義教授法が導入され，実物教授や一斉教授の授業形式の実践を
可能にした（鳥光 2009: 172）。

2．フレーベルと幼稚園

　フレーベルは，1782年，ドイツのオーベルヴァイスバッハで，牧師の6
番目の子として生まれた。1歳に満たない頃に母を亡くし，4歳の時に父親
が再婚し，異母兄弟が生まれたこともあり，10歳のころ母方の伯父に引き
取られ，少年期を過ごした。大学において自然科学などを学んだ後，ペスタ
ロッチの信奉者であったゴットリーブ・アントン・グルーナー（Gottlieb An-
ton Gruner, 1778-1844）の勧めもあり，フランクフルト師範学校の教師の職に
就き，教育者としての道を歩み始めた。フレーベルはペスタロッチから大き
な影響を受けており，1805年にはペスタロッチのイヴェルドンの学園を訪
問し，さらに1808年から2年間イヴェルドン学園に滞在し，ペスタロッチ
の教育法を学んだ。その後，ゲッティンゲン大学，ベルリン大学において言
語研究・自然科学・鉱物学などを学びつつ，同時に人間の教育に関する思索
を深めていった。この頃から学園開設にかけて，フレーベルは，完全なる理

74

想形としての「球体」に人間教育の課題を重ねあわせた「球体法則」思想を形成していく。フレーベルは1816年，グリースハイムに開設した「一般ドイツ学園」（「カイルハウ学園」とも呼ばれる）で最初の教育事業を手掛け，翌年，教育施設が移されたカイルハウの地で，10年以上にわたって教育活動を続け，1826年には主著『人間の教育』を著した。また，1835年頃から幼児教育に献身し，1840年にはブランケンブルクにおいて世界で最初の「幼稚園」を創設した。

　『人間の教育』の詳細な題名——『人間の教育　カイルハウの一般ドイツ教育施設で追究され，その設立者，創始者，校長であるフリードリヒ・ヴィルヘルム・アウグスト・フレーベルによって記述された教育と教授と指導の術　第一巻　少年期の前期まで』が示すように，本書はカイルハウにおけるフレーベルの実践をもとに，幼児期から少年期までの子どもに関する彼の哲学的考察と教育実践への適用についての記述で構成されている。フレーベルにとって「人間の教育」とは，意識し，思惟し，認識する存在としての人間を刺激し，指導し，その内的な法則を，その神的なものを，意識的に，また自己の決定をもって，純粋かつ完全に表現させるようにすること，およびそのための方法や手段を提示することである。また，フレーベルによれば，幼児の段階から抜け出て，少年の段階へ上っていくことは，人間が，自己自身の力によって，外的なものを，自己に近づけ，それを自己のものにする段階へと進むことだった。そして，外的なものを内面化する段階，すなわち学習の段階である「少年の段階」——この段階は，「教授」を主とする時期であり，この「教授」は「学校」と呼ばれるところで行われる。

　フレーベルは，乳児期，幼児期，少年期，青年期といったそれぞれの時期における発達段階・発達課題を意識し，それぞれの時期にあった関わり方と教育を構想している。また，フレーベルが，「家族生活こそは，それぞれの教育段階にとって，いな人間の全生涯にとって何ものも比べものにならぬほど重要な，善良な心と思慮ある敬虔な心情とを，真に生きいきと，かつ力強く発達させ形成するものである」（フレーベル 1974: 91）と述べるように，「家族（家庭）生活」という言葉は，フレーベルがその教育思想のなかで強調す

るものであり，特に乳幼児期において重視されている。フレーベルは母の愛を得られなかったまま，しかしその経験を教育論で昇華しようとするかのように家庭教育の役割と母の愛を中心とする家族関係を記述するが，彼が語る「幼稚園」は，家庭教育の代替的な存在ではなく，「幼稚園」と「家庭」は相互に補い合い，フレーベルが目指すところの「生命の合一」(Lebenseinigung) [4] へと向かうものだった。

『人間の教育』は，それ以前からフレーベルが思い描いていた教育プランと，カイルハウにおける彼の教育実践をもとにしたためられた。本書が生みだされた背景に思いをめぐらせることで，フレーベルの教育思想のさらなる探求を進めよう。小笠原道雄は，1817〜1831年という，約13年にわたるフレーベルのカイルハウ時代の思想を，次の言葉でまとめている。「私(フレーベル)は，自由な，思考する，自立的な人間を形成しようとしたのです」(小笠原 1994: 157, ( )は引用者)。この時代に，彼はそれ以前に思い描いていた教育実践を実行に移しつつ，その教育思想を確固たるものへと昇華させていった。それでは，上記のきっかけを与え，それを可能にしたカイルハウという地は，いったいどのような場所だったのか。

まず，彼が自分の教育施設の設立という，長い間暖めてきたプランを最初に実現したのは，グリースハイムという地だった(1816年)。その施設を彼は，「一般ドイツ学園」と名づけた。フレーベルが借りていたその土地は，所有

図4.1　一般ドイツ学園（カイルハウ学園）
(出所) Fröbel (1966: iii)

者がその権利を失ったこともあり，彼は翌年 1817 年 6 月，学校をグリース
ハイムから 15 キロはなれたルードシュタットの近郊，カイルハウに移した。
彼はそこにレンガ壁の新たな教育施設を建てた。グリースハイム時代には 7
人の生徒であった学校は，従軍中に知り合った協働者の助けもあり，次第に
形を整え，生徒も増えていった。自由戦争（1813 年）前後のドイツの自由主
義的・愛国的気風は，一般ドイツ学園にもみなぎっていた（荒井 1997: 265）。
カイルハウは，シャールバッハの谷間の静かな，美しい，森に覆われ，丘に
囲まれた「小さな村」だった（小笠原 1994: 158）。山々に周囲を取り囲まれ，
閉じた盆地に位置していたという。フレーベル自身が「小さな人知れぬ谷間」
と表現したように，彼の実践が試みられ，またそれを可能にしていたのは「田
舎の学園，すなわち都市文明と社会的習俗の有害な影響からはるかに隔てら
れた寄宿学校」（小笠原 1994: 160）という特色に負うところが多い。1821 年
の時点では，成人の数（使用人を除く）25 人，生徒の数 16 人（7 歳～18 歳まで）
であり，次のような教授科目が設定されていた。宗教，読み方，書き方，算
数，図画，ドイツ語，唱歌，数学，理科，地理，ギリシア語，ピアノ，体育。
また，教師たちと生徒たちの交流は，パートナーシップ的なもので，人々は
お互いに「君」で呼び合ったという（小笠原 1994: 160-162）。小笠原は，フ
レーベルのカイルハウにおける実践について，「その実践，その教育プログ
ラムは，自己の球体法則とペスタロッチーのメトーデとを，一つの，とりわ
け学校における『人間教育』のなかで結合しようとするフレーベルの徹底し
た試みであった」（小笠原 1994: 161）とまとめている。

　フレーベルは，『人間の教育』のなかで「少年すなわち人間は教科の内容
を教えられると同時に，その教科をこえて教えられるべきである」（フレーベ
ル 1974: 124）と述べている。彼がその教育において求めたのは，ばらばらに
分断された教科によって知識や情報を生徒に伝えることではなく，教科間に
おける連関，教科が内包する意味も含め，世界のなかに生きている統一や調
和を認識する契機を生徒，人間に示すことだった。彼に上記のような考えを
抱かせ，また実践として可能にした要因のひとつに，手の加えられていない
森が豊かに残っており，生徒や教師を豊かに包み込んだであろう生きた自然

第Ⅱ部　教育対象について考える

（それは少年期の発達において重要な役割を担うものでもある）を有していたカイルハウという地があったことも，彼の思想を理解するうえでの一助となるだろう。

第5節　「遊び」論の展開

　「よく遊ぶ子ども」「子どもの遊び」といった言葉が示すように，現代では，「子ども」と「遊び」は，切り離せないものとしてとらえられている。何気ない日常のなかで生起する子どもの遊び。大人の側から見ると単なるいたずらのように見えても，子どもには何か意味のあることかもしれない。水遊びや泥んこ遊び，道具を使った遊び，ごっこ遊び。自分の感性で始めた遊びにはその子どもなりの目的があり，それは，周囲のことを知り，自分自身を形成していく探求のプロセスでもある。こうした子どもの「遊び」について，あるいは「遊び」の不思議さについて，さまざまな思想家たちが独自の論を展開してきた。前節で見たフレーベルも，子どもの「遊び」について探求し，「遊び」の意義を見出し，尊重した人物の一人である。フレーベルは，子どもの遊びは，内なるものの自由な表現ととらえ，また，遊びによって子どもの可能性が開かれていくと考えた。フレーベルは，子どもの成長を促す教具である「恩物」（die Gabe）（Gabe には，神からの贈り物／与えられしもの，という意味があり，恩物は，神の永遠の法則，永遠の真理を象徴するものでもあった）を考案し，遊びを通した教育の方法を模索した。フレーベルが開発した恩物は，感覚と思考力を訓練するための教材であると同時に，恩物それぞれの背後にある神の御業を予感させるための象徴でもあった。恩物には，球体，円柱，立方体，直方体のものなどがあり，恩物との関わりによって自分を取り巻く外の世界への扉をひらき，同時に内面世界を目覚めさせる構造を有している。フレーベルは，遊びを通して働きかける乳幼児期の第1系列（第1〜第6恩物）と自己学習する少年期の第2系列（第7〜第10恩物）を考案している（荘司泰弘 2006: 47）が，立方体がいろいろな形で分割されることによって

構成されている第3恩物から第6恩物は，立方体や三角柱などが基本のセットであり，それらの組み合わせによって日常生活にあるさまざまな事物を想像させることが意図されており，現在の積み木のモデルともなっている。

　また，オランダの文化史家，ヨハン・ホイジンガ (Johan Huizinga, 1872-1945) は，「人間は遊ぶ存在である（ホモ・ルーデンス）」と定義し，今日の遊戯研究を方向づけた。ホイジンガは，遊びの特徴として，①自由な行動であること，②虚構であること，③有用性と切り離されたところで成立すること，④固有の規則性を有すること，⑤日常生活から区別されること，を挙げている。彼によれば遊びは文化を生み出したものであり，人間の営みを支えるものとして位置づけられている（ホイジンガ 1973）。さらに，ホイジンガの『ホモ・ルーデンス』の影響を受けたフランスの社会学者・思想家であるロジェ・カイヨワ (Roger Caillois, 1913-1978) は，遊びの本質を探究し，『遊びと人間』のなかで遊びを4つに区分した（アゴン：競争，アレア：偶然，ミミクリ：模倣，イリンクス：眩暈）（カイヨワ 1990）。

　遊びの意義は多くの思想家・教育学者たちによって繰り返し提唱されてきたが，子どもの遊びには，まだ多くの謎が残されている。その謎の一つが，子どもはなぜ遊びを繰り返すのか，反復としての遊びについてである。自分の幼い頃を思い出してみて欲しい。何度も何度も同じ玩具に引き寄せられた，同じ遊びをずっと気に入って時間を忘れて繰り返していた，そんな経験はないだろうか。大人になった今，改めて考えてみると，その経験は不思議な，しかしある種，幸福な時間として思いだされる。ヴァルター・ベンヤミン (Walter Bendix Schönflies Benjamin, 1892-1940) は，『教育としての遊び』のなかで，次のように述べている。「あそびの世界が個々の規則やリズムをすべて支配している——この大法則，つまり繰りかえしの法則こそ，遊びの理論が最後に研究しなければならないものだろう。子どもにとって繰りかえしがあそびの基本であり，『もう一度』というときがいちばん幸福な状態である，とわたしたちは知っている」（ベンヤミン 1982: 63-64）。ベンヤミンが述べたように，繰り返される子どもの遊びは研究者・思想家たちの関心を引きつけ，教育学や発達心理学，精神分析学，脳神経学，民俗学，文化人類学などの分

野から，その謎を解き明かすためのさまざまな研究が積み重ねられてきた[5]。

　矢野智司は，絵本を読むという体験を例にとり，大人にとっては同一性の反復にしか見えない遊びも，子ども（遊び手）にとってはつねに新しい意味の生成であるという，両者の経験のあり方の違いを指摘する。「たとえば，絵本を読む体験にしても，大人と子どもは，絵本をめくるという行為のプロセスに従って絵本の世界を経験するわけだが，大人は絵本の世界に同一性，つまり筋を読み取ることによって意味生成の反復を閉ざしてしまうのにたいして，子どもはその一語一語が作りだす世界の差異性に基づく反復によって意味生成の世界に開かれている。したがって，大人は繰り返し絵本を読むことに耐えることができず，子どもの『もう一度！』という欲求を不可解なものと解するのだ」（矢野 1996: 138-141）。私たちは夢中で遊びに没頭していた子ども時代には自らの行動を語り，書き記すすべをもたず（またそのような必要性を感じることはまれだろう），子ども時代をとうに過ぎた今，子どもの遊びについて，子どもが経験しているのと同じ仕方でそれを理解・分析することは困難である。子ども時代から遠ざかる——大人になっていくと，どうして昔あんなに夢中になって繰り返し遊んでいたのか，考えることすら私たちは次第に忘れていってしまう。そして子ども時代の遊びについて改めて語り直す・考えることは，次第に薄れて遠くなっていく昔の自分の記憶を一枚ずつ自分のなかに手繰り寄せ，再構成していく，心の片隅にしまい込んだ子どもの時間を拾っていくような作業でもある。子どもの「遊び」研究にはそのようなある種のジレンマが存在している。あなたは，先に示した「遊び研究」に残された課題にどのように答えるだろうか。

第6節　子ども観と教育

　本章では，さまざまな教育思想家・実践家たちの子どもへのまなざしと教育論について見てきたが，かれらは「教育」について考える際，人間とは何か，子どもとは何か，成長を援助するにはどのような働きかけが必要か，と

いった，現代にも通じる根源的な問いを繰り返し探求し続けた。これまで見てきたように，「子どもをどのようにとらえるか」という問題と，「どのような援助／教育を行うか」という問題は，分かちがたく結びついている。第3節で扱ったルソーの消極教育論は，子どもの生を尊重し，子どもの自然に寄りそいながら，新たな文化を希求するものであり，子ども不在の教育論から脱し，「合自然の教育」・「子どもを中心としたカリキュラム」への道を拓いた。ルソーの影響を受けたペスタロッチ，フレーベル——そしてジョン・デューイ（第7章を参照）やマリア・モンテッソーリ（Maria Montessori, 1870-1952）といった20世紀初頭の新教育の教育思想家たちも，子どもの自由や固有性を大切にし，「子どもからの教育」を実現しようと試みた。モンテッソーリは，1907年，ローマのスラム街であったサン・ロレンツォ地区において「子どもの家」（Casa dei Bambini）を創設し，子どもたちの保護・教育を行った。「子どもの家」での実践をもとに記された『子どもの家の教育に適用された科学的教育学の方法（モンテッソーリ・メソッド）』（1909年）が出版されて以来，彼女の教育法と教育思想は新教育運動の高まりとともに，世界各国に広まり，教育関係者の関心を集めた。モンテッソーリは，子どもの「絶えざる自己更新をともなう子どもの学び」（autoeducazione）を重視し，「教具」や「整えられた環境」を媒介としながら，「子どもがひとりでできるのを助ける」教育理論・教育法を構築している。モンテッソーリの教育法（「モンテッソーリ・メソッド」）をめぐっては，その成立当初からさまざまな検討が行われており，たとえば，時代遅れの古い心理学に基づくと批判したウィリアム・ヒアド・キルパトリック（William Heard Kilpatrick）の研究を端緒に，1960年代アメリカにおける再検討，特にジョセフ・マクヴィカー・ハント（Joseph McVicker Hunt）による再評価を経て，今なお有効な教育理論のひとつとして，実践および研究が進められている。

　そして現代でも，子どもの生に寄りそいつつ，その育ちを援助する教育のあり方がさまざまな場面で問われている。子どもをどのような存在として理解するか，子どもに何を・どうやって伝えるか，これまでの教育思想家・実践家たちが探求してきた問いは，今も続いている。子どもに何かを伝えよう

第Ⅱ部　教育対象について考える

とするとき，教えるという営みについて考えるとき，私たちは子どもという
存在・人間という存在を改めて問い直す必要に迫られる。そしてそれは，子
どもに対する見方・接し方の「当たり前」を問い直し，新たに子どもと出会
い直す作業でもある。

第7節　現代に生きる子ども

　アリエスが1960年に『〈子供〉の誕生』を公刊して約20年後，アメリカ
のニール・ポストマン（Neil Postman, 1931-2003）は，『子どもはもういない』
（1982年）という著作のなかで，アリエスの論をふまえたうえで，「印刷」と
いうメディアの登場によって子どもが「誕生」したとの独自の見方を展開し
た。ポストマンによれば，印刷というメディアは，読み書き能力の有無によ
って子どもと大人の区別を生じさせ，さらに，メディアから発せられる性や
暴力に関する事柄を子どもから遠ざけ，「秘密」として隠す配慮などが，子
どもと大人の区別をより鮮明にしていったという。そして，新たなメディア，
「テレビ」の登場によって，今度は子どもが「消滅」しつつあるとポストマ
ンは指摘する。読み書き能力の有無が強調されない映像中心のメディアの台
頭によって，これまで「秘密」にされてきた性や暴力に関する事柄も含めて，
大人と同じ情報を子どもも得ることができるようになり，子どもと大人の区
別は消滅しつつある――子どもはもういない――と主張したのである。

　また，高橋勝は，『文化変容の中の子ども―経験・他者・関係性』のなかで，
「情報・消費社会の浸透」によって，現代の大人と子どもの境界線が曖昧に
なってきたと指摘している。工業化段階にある社会においては大人から引き
離され，保護されつつ労働予備軍として学校という教育空間で訓練を受けて
きた子どもは，1980年代以降の消費優位の社会システムのなかで，「消費人」
（Homo Konsumens）となり，大人と同一の世界へと帰りつつあるという（高
橋 2002: 22-23）。しかし，それはかつての，大人と一緒に家庭や地域の共同
の仕事に従事する「小さな村人」ではなく，消費という「個我」の欲望を追

求する「小さな大人」としての姿の誕生を意味している。高橋は，子どもたちを，閉じられた教育空間や消費空間に浸らせておくことに警鐘を鳴らし，子どもも，大人たちと連帯して，小さな責任をしっかりと果たしながら生きていく社会（コミュニティ）を形成していくことが求められていると指摘している（高橋 2002: 34）。ポストマンや高橋の問題提起を，あなたはどう受け止めるだろうか。

　ポストマンが30年以上前に指摘したメディアの変化は，近年，情報通信機器の普及や動画サイト・SNSの日常生活への浸透などによって加速度的に進展しており，インターネットを媒介とした新たなメディアの登場は子どもと大人の関係性や教育のあり方にも影響を及ぼしつつある。メディアの変化に加え，第4次産業革命ともいわれる，進化した人工知能の浸透やインターネットによる物流の変化の到来は，社会や私たちの生活を大きく変えていくことが予想される。こうした社会の変化と向き合いつつ，子どもという存在の変化にも注意を向け，新たな子どもと大人の関係を紡いでいくこと・教育の方向性を描いていくことが，これからの私たちに求められている。

[米津　美香]

● **考えてみよう！**

▶ ルソー，ペスタロッチ，フレーベルのなかから一人を選び，その子ども観・教育観の特徴をまとめ，現代にも通じる点・参考になると思う点（あるいはそうでない点）について考えてみよう。
▶ 現代の子どもにかかわる問題には，本章で紹介したものの他にどのようなものがあるか調べ，その問題についてのあなたの意見をまとめてみよう。

● **注**

1) アリエスの主張は大きな反響を呼んだが，1980年代には，彼の主張に対する批判的な検討も進められた。たとえばリンダ・A・ポロク（Linda A. Pollock, 1959-）は，子どもの日記と自伝の分析を通じ，アリエスらが展開した中世の子

ども史像を批判的に考察し，子どもへの関心や子どもに対する親の愛情は中世から近代まで存在していたと主張した（ポロク 1988）。

2）アリエスは，中世の社会について次のように述べている。「言葉の上でも，子供という言葉には，私たちが今日賦与しているような限定した意味は与えられていなかった。今日，日常的な表現で『あいつ』（gars）と言われるような感覚で，子供という言葉が使われていたのである」（アリエス 2016: 122）。年齢上での境界の曖昧さは，遊び，職業，軍隊など，あらゆる社会活動にまで及んだ（アリエス 2016: 122）。

3）ルソーは「子どもの発見」によって教育への見方を大きく変えたが，富裕層，中産階級以上の子どもが対象となっており，また，『エミール』のなかでエミールの妻ソフィーの女子教育論について論じてはいるものの，教育の対象とされていたのは男子が中心だった。

4）①神との合一，②世界との合一，③自己との統一，の3つを総称した，フレーベルの教育思想の基本理念。

5）たとえば，ベンヤミンは，子どもの遊びの本質を，「このうえなく心をゆさぶる経験が習慣へと転じること」とし，遊びはあらゆる習慣の産婆であり，遊びという姿で習慣は人生に登場するとしている（ベンヤミン 1982: 64-65）。また，遊びの楽しさを生み出す脳の仕組みを明らかにする研究（Vanderschuren 2010），遊びを「日常世界」と併存する「可能世界」での情動行動ととらえる研究なども行われている（Lillard 2001）。

● 引用・参考文献

荒井武（1997）「解説」フレーベル著『人間の教育（下）』（岩波文庫）岩波書店，pp.251-292

アリエス著，杉山光信・杉山恵美子訳（2016）『〈子供〉の誕生―アンシァン・レジーム期の子供と家族生活』みすず書房（原著，1960年）

稲富栄次郎（1982）『ペスタロッチの生涯と思想―その基礎陶冶の理念』福村出版

小笠原道雄（1994）『フレーベルとその時代』玉川大学出版部

乙訓稔（2010）『西洋近代幼児教育思想史―コメニウスからフレーベル（第2版）』東信堂

カイヨワ著，多田道太郎・塚崎幹夫訳（1990）『遊びと人間』（講談社学術文庫）講談社（原著，1958年）

佐藤学（1998）「「学び」から逃走する子どもたち」『世界』第644号：63-72

佐藤学（2000a）「子どもたちは何故「学び」から逃走するか―「学力低下」に見る日本社会の文化的危機」『世界』第674号：77-86

佐藤学（2000b）『「学び」から逃走する子どもたち』（岩波ブックレット）岩波書店

荘司雅子（2006）「序文」日本ペスタロッチー・フレーベル学会編『ペスタロッチー・フレーベル事典（増補改訂版）』玉川大学出版部，pp.i-ii

荘司泰弘（2006）「恩物（教育遊具）」日本ペスタロッチー・フレーベル学会編『ペスタロッチー・フレーベル事典（増補改訂版）』玉川大学出版部，pp.47-52

田中孝彦（2009）『子ども理解―臨床教育学の試み』岩波書店

高橋勝（2002）『文化変容の中の子ども―経験・他者・関係性』東信堂

鳥光美緒子（2009）「ペスタロッチとフレーベル」今井康雄編『教育思想史』有斐閣，pp.164-182

ナトルプ著，乙訓稔訳（2000）『ペスタロッチ―その生涯と理念』東信堂（原著，1909 年）

フレーベル著，岩崎次男訳（1974）『人間の教育（Ⅰ）』明治図書出版（原著，1826 年）

ペスタロッチー著，長田新訳（2008）『隠者の夕暮・シュタンツだより』（岩波文庫）岩波書店（原著，*Abendstunde eines Einsiedlers* 1779-80 年，*Brief an einen Freund über seinen Aufenthalt in Stanz* 1799 年）

ペスタロッチ著，長尾十三二・福田弘訳（1983）『ゲルトルート児童教育法』明治図書出版（原著，1801 年）

ベンヤミン著，丘澤静也訳（1982）『教育としての遊び』晶文社（原著，1969 年）

ホイジンガ著，高橋英夫訳（1973）『ホモ・ルーデンス』（中公文庫）中央公論新社（原著，1938 年）

ポストマン著，小柴一訳（2001）『子どもはもういない』新樹社（原著，1982 年）

ポロク著，中地克子訳（1988）『忘れられた子どもたち―1500-1900 年の親子関係』勁草書房（原著，1983 年）

モンテッソーリ著，阿部真美子・白川蓉子訳（1974）『モンテッソーリ・メソッド』明治図書出版（原著，1909 年）

文部科学省（2016）「幼稚園，小学校，中学校，高等学校及び特別支援学校の学習指導要領等の改善及び必要な方策等について（答申）」

矢野智司（1996）『ソクラテスのダブル・バインド―意味生成の教育人間学』世織書房

ルソー著，今野一雄訳（2008）『エミール（上）』（岩波文庫）岩波書店（原著，1762 年）

Fröbel, F. (hrsg.), Lange, W. (1966) *Ideen Friedrich Fröbels über die Menschenerziehung: und Aufsätze verschiedenen Inhalts*. Biblio Verlag.

Lillard, A. (2001) Pretend play as twin earth: A social-cognitive analysis. *Developmental Review*, 21 (4): 495-531.

Vanderschuren, L. J. (2010) How the brain makes play fun. *American Journal of Play*, 2 (3): 315-337.

第Ⅱ部　教育対象について考える

● COLUMN ●

▶ 江戸時代における庶民の学び

　「学制」の発布により制度化された明治以来の組織的な〈教育〉に対し，江戸時代における教育活動は，制度化以前の〈学び〉であったといわれる。特に庶民の子どもを対象にした「手習い」のあり方は，近代教育に始まる一斉教授ではなく，学ぶ側の自由を基軸とした子ども主体の自己学習だった。

　文字社会の成立・発展に伴い，子どもたちが読み書きの初歩を学んだのが，寺子屋の呼称で知られる「手習塾」である。武士階級の子どもが高度な学問（儒学）を学んだ「藩校」（各藩が設置・運営した学校）とは異なって，手習塾では，身分や性別，年齢を問わず誰もが随時手習師匠のもとに入門し，各々の生活に必要な学びを展開することができた。時間割や座席，習熟の程度に拘束される近代学校のイメージとは反対に，手習塾での〈学び〉は，時間も席も内容も，すべて自由である。それぞれ家の生活時間に応じて師匠の家（弟子を収容できるスペースさえあれば，誰もが手習師匠として自由に塾を開校できた）に登校してきた子どもは，まず自分の学習机を確保し，好きな場所に席を準備する。そして，能力や進度に合わせて師匠が準備してくれた「手本」や「往来物」（現在の教科書のようなもの）を使用して，ひたすら文字や算術の練習をする。手習師匠は子どもに〈学び〉の場を提供するとともに，一人ひとりの生活や能力に合わせた学習を組織し，その活動を見守る存在だった。

　「学制」以後，人びとを苦しめた就学費用の概念も，手習塾にはまだ見られない。手習塾の経営は基本的に，通ってくる子どもたちの「謝儀」によってまかなわれた。決められた額の就学費を納める明治以後のシステムとは異なって，入門時や盆暮，行事などの際に，子弟たちは多種多様の謝礼を持参する。これらの謝儀は，金納よりも物納（砂糖や素麺，鮭や鱈，鏡餅など）が一般的だったという。江戸期の手習塾は，あくまで子どもたちの日常生活のための〈学び〉の場であり，その経営は弟子の学びたいという意志と，それを支援する師匠との人間的な信頼関係に拠っていたということができる。こうした傾向は，儒学や洋学，国学など，より高度な学問を講じた「私塾」においても同様だった。伊藤仁斎の古義堂や吉田松陰の松下村塾など，江戸時代の〈学び〉は師匠の人格と弟子の意欲との創造的な交錯を基盤として，自由な雰囲気のなかで深められたのである。

［山田　真由美］

参考文献

山本正身（2014）『日本教育史―教育の「今」を歴史から考える』慶應義塾出版会
沖田行司（2001）『日本人をつくった教育―寺子屋・私塾・藩校』大巧社

第5章

成熟するとはどのようなことか？

● 本章のねらい ●

人間はすべて時間の流れとともに成長し，〈子ども〉から〈大人〉へと成熟する存在である。この世界に生まれた瞬間から，私たちは年月とともに歳を重ね，身体と心は時間とともに少しずつ変化していく。いったい人間が「成熟する」とはどのようなことだろうか。前章では〈子ども〉観の変遷を確認してきたが，〈子ども〉が〈大人〉へと成熟する過程についてもまた，現在までさまざまに議論がなされてきた。人間の成熟という，誰もが知っているようでとても難しい問題に，教育者たちはどのように向き合ってきたのだろうか。本章は，成熟，発達，生成という三つの視点を参照しながら，人間の成熟の過程について考察できるようになることをねらいとする。

第1節　生物学的過程としての成熟

1. 人間の生理的早産

生まれたばかりの子どもの姿を思い起こしてみると，人間の成熟はいっそう不思議なものである。生誕まもない赤ちゃんは，自分の足で歩くことはおろか，言葉を話すことも自分で物を食べることもできず，両親やまわりの大人たちの全面的な助けによってなんとか生を繋いでいく。たとえばウシやウマの子どもが生まれてすぐに立ち上がり，母親の後を追いかけていくのに比

べて，人間の赤ちゃんはあまりにも未熟で無力である。スイスの動物学者，アドルフ・ポルトマン（Adolf Portmann）は，こうした人間の誕生を「生理的早産」と呼んだ（ポルトマン 1961）。彼によれば，一般に高等な哺乳動物は妊娠期間が長く，生まれてからすぐに巣立つ「離巣性」の特徴を有するはずなのに，人間の場合は生まれてから成体に達するまでの期間が長く，長期にわたって親から離れることのできない「就巣性」の特徴が見られる。自分の足で立ち，言葉によって気持ちを伝えられるようになるまで，大人たちの熱心な世話がなくてはならない。最も高等な哺乳動物であるはずの人間が，まさに「生理的早産」なのである。

　こうして未熟な状態で生まれてくる人間の子どもだが，かれらはいったいどのようにして大人へと成熟していくのだろうか。その成熟の道のりは長らく，遺伝子によって予測可能なものか，あるいは生後の環境によって操作可能なものか，どちらにせよ客観的に解明できるものとして論じられることが一般的だった。まず見ていきたいのは，19世紀から活発に繰り広げられた「遺伝か環境か」という論争である。同論争においては，成熟の過程を左右する決定的な要因が遺伝であるか環境であるかをめぐって，大きく四つの説が展開する。遺伝か環境かを争う遺伝説と環境説，その折衷を試みる輻輳説と相互作用説を，順に確認していこう。

2. 遺伝説と環境説

　遺伝の重要を説く遺伝説は，生得的に与えられた親からの遺伝子こそが，子どもの成熟を決定的に左右すると考える。まさに「血は争えない」という宿命論ないし決定論的な性格をもつものである。遺伝説の立場を主張したイギリスの遺伝学者，フランシス・ゴールトン（Francis Galton）は，才能ある人々の家系を細かく調査することにより，才能が遺伝によって受け継がれ，優秀な家系が優秀な人間を輩出することを証明しようとした。彼の著書のタイトル『遺伝的天才』（1869年）に示されるように，人間の成熟を家系や遺伝により説明する遺伝説の立場は，人間の遺伝子レベルでの操作や選択を可能にするものであり，優生学の考え方に通じている。こうした考えは，人種や

階級に関する深刻な問題を含みながら国家政策にもたびたび用いられ，現在までさまざまな議論を巻き起こしてきた。

遺伝説に対して生後の環境を重視する環境説は，生まれてからその子をとりまく環境因子の影響を，成熟にとって決定的な要因と考える。生まれる前からの遺伝的な決定論ではなく，こちらは「氏より育ち」の立場である。環境説を唱える論者の拠り所となったのは，17世紀の啓蒙哲学者，ジョン・ロック（John Locke, 1632-1704）の子ども観だった。経験論に立つロックは，生まれたばかりの子どもをすべて「白紙の状態（タブラ・ラサ）」であるとして，その精神は生後の経験によってゼロから積み上げられると主張した。ロックの説に従えば，子どもが成熟する過程は，白紙の精神に向き合う大人たちが色とりどりのインクを載せていくようなものである。

遺伝説に対する環境説の広がりは，20世紀前半，アメリカを中心に展開した行動主義心理学の研究成果に拠るところが大きい。行動主義とは，心理学研究の対象を，客観的に観察可能な人間の行動の側面に限定し，それらがすべて外部からの刺激によって引き起こされるとする立場である。つまり行動主義者たちは，刺激の与え方次第で，人間の行動をどのようにでも変化させられると考える。外的な刺激がすべて行動を支配できるならば，子どもの成熟過程は，その子に与える環境次第でどのようにでも操作可能ということになるだろう。行動主義心理学の創始者といわれるジョン・ブローダス・ワトソン（John Broadus Watson）は，もし健康な子どもたちを任せてくれたならば，かれらの興味や才能，家系にかかわらず，誰でもどんな職業にでも育ててみせると語ったという（バターワース 1997）。綿密に準備された適切な環境は，子どもが成熟する過程を完全に操作するのである。

3. 輻輳説と相互作用説

前節のような「遺伝か環境か」という両極端の対立から，「遺伝も環境も」どちらも重要な因子であると考える両要因説が登場するのは自然に理解できるだろう。ドイツの心理学者，ウィリアム・シュテルン（William Stern）は，生得的な素質も生後の環境も，成熟の過程にはどちらもが一定程度ずつ影響

第Ⅱ部　教育対象について考える

すると考え，両要因説を主張した。彼の説では，子どもが成熟する過程において，遺伝と環境の二つの要因がそれぞれ一定の範囲内で加算的に作用する。先の遺伝説，環境説に対し，シュテルンの考えは「輻輳説」と呼ばれる。輻輳説の考え方では，遺伝的要因と環境的要因はあくまで加算的に作用するものとして，両要因が相互的に影響を及ぼし合うことは想定されない。シュテルンの説では，多様なバリエーションを以て独立に作用する両要因の変数が，個体の成熟にとって決定的な問題となる。そのため今日の「発達心理学」において最も有力な理論とされるのは，輻輳説に代わって主張された相互作用説の方である。

　輻輳説の場合，遺伝と環境の二要因はそれぞれが独立し，決まった範囲内で作用すると考えられるのに対して，相互作用説の立場は，遺伝的要因と環境的要因が相互に交わり合いながら個体の成熟に影響していくと考える。すなわち遺伝と環境の両要因はそれぞれの個体において互いに交じり合い，その相互作用が成熟の過程を左右する。生まれもった素質が環境によって開花あるいは抑制される場合や，同じ環境で育てられた子どもが別々の趣向を見せる場合など，個体の成熟は，遺伝と環境が常に相互的に作用する複雑な結果である。人間の成熟を「遺伝か環境か」と単純に割り切ろうとするのではなく，遺伝と環境の複雑な交錯の過程を重視する相互作用説は，現在の常識的な見解といえるだろう。急速に向上する科学技術の発展を背景として，生物学や医学の領域では，双生児を対象とした調査や遺伝子の解析に基づく最先端の研究が今日も続けられている。

4．獲得的な適応の過程としての発達

　ここまで，人間が〈子ども〉から〈大人〉に成熟する過程について，遺伝と環境をめぐる論争を中心にたどってきた。最初に言及したように，上に紹介したどちらの説も，子どもという存在を観察可能な客体として対象化し，その成熟を機械論的にとらえていることに気がついただろうか。無力な状態で誕生した子どもは，遺伝や環境という要因に支配され，決定されながら成熟する存在として描かれる。つまりどちらの場合も，子どもという存在が生

第5章　成熟するとはどのようなことか？

まれてから大人になるまで，単に未熟で他律的な存在として描かれるのである。遺伝も環境も，成熟する当の子どもにとってはどちらも与えられたものであり，その成熟の過程には，意図的な操作や統制に従うままの受動的なシナリオが想定される。

　すべての動物と同じように，人間が遺伝的素質や生後の環境に適応しながら成熟していくことはたしかに否定できないだろう。どのような親から生まれ，どのような環境を与えられたとしても，人間の子どもは鳥のように空を飛ぶことはできない。しかし，たとえば大田堯が述べるように，人間の子どもは動物と同じく，単に遺伝や環境に従い機械的に適応するのではなくて，適応の過程で自ら能動的に意味を獲得していく存在ではないだろうか（大田ほか 1979）。戦後を代表する教育学者である大田は，人間の子どもがもつ自発性ないし能動的な適応力に着目し，人間の成熟の過程がむしろ「子どもから」の獲得的な適応の過程であると主張する。人間の子どもの自発性ないし能動性を認めるならば，かれらが成熟するということは，単に他律的・生物学的な過程としてのみでは語れない，同時に自律的・創造的な側面を有すると考えるのでなければならない。

　人間の能動的な側面に着目した場合，〈子ども〉が〈大人〉へと成熟することの意味は，これまでのような「遺伝か環境か」という問題設定では語り尽くせない，創造的な現象として現れてくる。こうして注目されたのが，生物学的な成熟の過程に，主体の能動的な自己運動を含意した「発達」という考え方である。今日「発達」という言葉は，子どもの成熟を語る場合に欠かせない概念として定着しているが，日本の教育学が発達の問題に着目するのは意外にも戦後のことだった。では再び，人間が成熟するとはどのようなことか。子どもを客体として対象化したこれまでの議論から，今度は人間の成熟を「発達」として語る文脈を確認していこう。

第Ⅱ部　教育対象について考える

第2節　獲得的過程としての発達

1. ピアジェの発達論

　生物学的な過程として成熟をとらえる従来の見方から踏み込んで，人間の認知構造に着目し，その変化の過程を段階的な発達として明らかにしようとしたものに，フランスの心理学者，ジャン・ピアジェ (Jean Piaget, 1896-1980) の研究がある。子どもの認知構造に関する彼の研究によれば，発達とは〈単純で生物本能的な対象の把握から抽象的な論理構造の把握へ〉という高次の思考形態へと変化していく獲得的な過程のことである。心理学者としてピアジェの論に深く傾倒し，その紹介につとめた波多野完治の著書『児童心理学』(1931 年) 以来，日本でもこの発達という考え方が広く受容されていく。

　ピアジェは，人間の思考形態が年齢に伴う一定の段階において獲得されるものと考え，その過程をおおよそ次の四段階として示した。第一段階は，目の前にある物，動いている物を認識し，それを目で追い，手でつかんだり口へもっていくことができる「感覚運動期」(0〜2 歳)，第二段階は，イメージや言葉を用いて目の前の対象を把握し，さらに模倣することのできる「前操作期」(2〜7 歳)，第三段階は，具体的な対象物を扱う限りにおいて論理的な操作が可能になる「具体的操作期」(7〜11 歳)，そして第四段階は，経験的な事実を超えて仮説を立てたり，抽象的な命題や知識の理解ができるようになる「形式的操作期」(11 歳以後) である。

　ピアジェの発達論の特徴は，人間をすべて環境に向かって開かれた存在とするところにある。彼によれば，人間はほかの動物と違って，自分から環境を認識し，それに働きかけることのできる存在である。そのためピアジェは，認知構造の発達を単に神経系の内的成熟ではなくて，個体と環境のあいだのダイナミックな相互交渉の過程としてとらえようとする。第一の「感覚運動期」から第四の「形式的操作期」にいたるすべての段階において，子どもが自ら外界に働きかけ，外の世界を把握しようとする能動的な運動が想定され

92

第5章　成熟するとはどのようなことか？

ている。子どもは単に客体的な操作の対象ではなく，発達の段階を自ら獲得していく。重要なのは，ある段階から次の段階への発達を促す個体の作用としての，「均衡化」(equilibration) という考え方である。

　均衡化とは文字通り，均衡が乱された不均衡な状態を，再び均衡のとれた状態に調整しようとする働きのことである。さまざまな環境のなかで均衡を保ちつつ生活している生物は，外界とのあいだに生じる不均衡状態に対して本能的な欲求を感じ，その回復のために何らかの行動を起こそうとする。ピアジェによれば，個体は外界と自己のあいだにさまざまな葛藤や混乱を感じ，そのたびに外界と自己とを「同化」（生体が外界を取り込んでいく）あるいは「調節」（自己を外界に合わせていく）しながら，均衡状態を目指して能動的に活動するものである。ピアジェは，生物の本能的な働きとしての均衡化を，発達のための重要な契機と考える。

　ただし人間の発達にかかわる場合の均衡化は，すべての生物が本能的に行うような，単にもとの均衡を取り戻すという意味ではない。発達を段階的に引き上げていくための契機となるのは，不均衡状態からより高次の均衡状態へと移動する，「引き上げの均衡化」(equilibration majorante) である。人間の発達を生みだすのは，不均衡な状態を以前より高い次元で回復する過程であり，外界との交渉によって現在の均衡状態を破り，新たな均衡状態を作り上げていくところに人間の発達は実現する。発達とはその意味で，個体自らが不断に行う「引き上げの均衡化」の過程である。子どもが起こす均衡化に着目したピアジェの研究を受容することによって，子どもの成熟する過程は，その子ども自身の能動的な働きを含みこんだ「発達」の問題として広く議論されることになる。

2.　ピアジェ発達論の受容と問題点

　子どもの認知構造を年齢ごとに段階的に明らかにしたピアジェの発達段階論は，日本に紹介されて以来，幼稚園から小・中学校にいたる教育段階の設定や教授方法の考案に大いに貢献した。従来の「遺伝か環境か」論争と比較すると，彼の発達論に描かれる子どもの姿は，活動的に外界を把握しようと

93

第Ⅱ部　教育対象について考える

し，環境に対して能動的に働きかける存在として特徴づけられる。子どもは自ら外界に働きかけることで引き上げの均衡化を繰り返し，環境と相互的に交渉しながら発達を獲得していく。子ども自身の働きを重視したピアジェの発達理論は，子どもを単に操作の対象としてでない，環境のなかで葛藤する存在として描き出し，戦後の教育学に大きな影響を与えた。彼の子どもに対する熱意は，ユネスコをはじめとした教育への貢献活動にもあらわれており，こうした側面もまた，ピアジェの論が戦後日本で好意的に受容される一因になったといえるだろう。

　一方，彼の発達段階論について批判されたのは，子どもの発達を固定的にとらえすべての子どもに機械的に適用することで，子どもたちの柔軟な発達可能性を押しとどめてしまうことへの懸念である。子どもの発達に一定の順序や段階がたしかに認められるとしても，すべての子どもに共通の「発達段階」なるものがはたして存在するのか。また能力の発達に関し，あらかじめ固有の段階が決められてあるとすれば，教育は発達のあとに続く消極的な営みになってしまう。教育活動に従事する教師は，心理学が明らかにした認知構造の発達を待って，ただその段階に合わせた「適切な」指導を実践していくしかないのか。段階にとらわれない子どもの未知なる能力と，それを引きだすことのできる指導力を信じる教師たちにとって，心理学の領域から明らかにされる発達段階に縛られることは，教育の可能性を狭くするものに思われた（遠山 1953）。発達段階論の教育学的意義を十分に認めながらも，自然的な均衡化がもたらす発達を「助ける」にとどまらない，むしろ子どもの発達を外から「引き上げる」ような，より積極的な関与はできないだろうか。そして，発達に対して教育の積極的な意義を求める教育者たちが，新たな拠りどころとしたのは，ソビエトの心理学者，レフ・セミョノヴィチ・ヴィゴツキー（Lev Semenovich Vygotsky, 1896-1934）が提起した「発達の最近接領域」という考え方だった。

3.　ヴィゴツキーの発達論

　戦後日本の教育学では，アメリカの教育理論に強い関心が向けられたのと

第5章　成熟するとはどのようなことか？

同様に，ソビエトの教育理論についても熱心に受容・研究がなされた。以下にみるヴィゴツキーの発達論もその一端である。ピアジェ批判を経て構築された新たな発達論の特徴は，子どもの発達段階において，まさに外側からの意図的な教育活動の意義を重視した点に認められる。

ヴィゴツキーによれば，子どもの発達は段階的な一本の線としてではなく，常に二つの水準でとらえられるのでなければならない。一つは，子どもがすでに獲得し到達している「今日の発達水準」であり，もう一つは，独力ではまだ解決できないが，助力があれば到達し得る「明日の発達水準」である。子どもの発達をめぐっては，現在すでに到達した結果と，これからまさに到達しつつある過程との二つの水準を把握することが必要であり，ヴィゴツキーはこの両水準のあいだを「発達の最近接領域」と呼んだ。最近接領域について理解するために，たとえば学校での知的な学習活動の場面を想定してみよう。

ひとまずAという問題を解けるようになった二人の子どもが，いまBという問題を独力で解くことができないとする。この場合，二人とも「今日の発達水準」は同じくAの獲得までであり，いまだBの水準には達していない。しかし適切な助言やヒントを与えることによって，そのうちのひとりがBの問題も解けるようになった。この時，「今日の発達水準」で並んでいたはずの両者が，実は「明日の発達水準」において異なっていたことが明らかになる。この二水準に着目することで，Bの水準にまだ達していない一人は再度Aの修得に努力する一方，もう一人は一歩先に進み，今度は独力でBの水準を獲得できるよう努力することになる。いま現在到達している水準Aと，助言を与えてできるようになった水準Bとのあいだが，発達の最近接領域であり，教育はそこに働きかけることで，子どもの発達を進めることが可能になる。

発達の最近接領域に着目した場合，子どもの発達に対する教育の主導性が認められ，発達段階という考え方は自然的であるよりも誘導的なものになる。すなわち「ヒントを与えればできる」というBの水準を見極め，適切な指導を与えることができれば，教師は子どもの能力をAの段階からBの段階

95

へと引き上げ，積極的に発達を促すことが可能になるのである。とすれば教育者の役割は，子どもが均衡化作用によって発達する過程をただ待つのではなくて，むしろその発達を促すために「発達の最近接領域」へ適切に働きかけるところに見出されるだろう。発達は主体の自律的な均衡化作用の過程であるよりも，外側からの意図的な教育活動の先行によって引き起こされ促されるものと考えられる。つまりヴィゴツキーの理論に従えば，教育は発達の後に続くのではなく，むしろそれに先行し，子どもの発達を意図的に引き上げるのである。

　発達を先回りする教育的働きかけを強調し，その水準の今日にではなく明日に目を向けたヴィゴツキーの理論は，発達と教育の相互的な関係を提起するものだった。最近接領域の発見によって，教育活動は子どもの発達を引き起こし，かれらの未知なる能力の引き上げを可能にする。こうしてヴィゴツキーの発達理論は，教育活動の積極的な意義を求めた戦後日本の教育学界に広く受け入れられる。特に当時教育研究に熱心だった日教組をはじめとして，民間の教育運動にとって強い追い風となり，その後1960年代から70年代にかけての教育研究運動を下から支えていくことになる。

第3節　発達・教育・学習

1. 教育から学習へ

　生物学的な成熟として「遺伝か環境か」を争った議論から，ピアジェは子ども自身の運動を重視して発達の過程を理論化し，さらにヴィゴツキーの発達論は，子どもの発達水準を先回りして引き上げる教育活動の積極的意義を提案した。これまで述べてきたように，戦後日本の教育学は，発達に関するこうした考え方を積極的に受容したが，そこでは具体的にどのような議論が展開されたのか。ここからは，〈発達する子ども〉という考え方が広がる戦後の展開を中心に，我が国の教育学の様子をたどってみたい。

　教育学者の堀尾輝久は，戦後我が国で発達の概念が広く定着した理由につ

いて，戦前・戦中の国家主義的な教化に対する強い批判と反省がその背景に
あるという。彼によれば，「戦前・戦中の天皇制教育と教化の思想は，子ど
も無視の注入教育であり，それは発達の視点の欠落として特徴づけ」られる
ものであり，対して戦後は，教育を「子どもの発達の相」においてとらえる
努力がなされていく（堀尾 1991: 37）。戦中，国民学校での教育を「どんな職
業にでもしてみせる」と言ったワトソン流の教化とみるならば，「子どもから」
の発想で生みだされた「発達」の問題に大きな関心が寄せられた事実もうな
ずける。戦後の「新教育」が掲げた児童（子ども）中心主義の思想（第8章を
参照）は，子どもの自主性や能動的な活動を重視したが，そのことは戦争を
反省する多くの教育者たちにとって，子どもの発達を尊重する新たな教育学
の出発を意味したのである。

　前述の波多野をはじめ，心理学領域からすでに提起されていた子どもの発
達に関する研究を，教育学の重大な責務として引き受けたのは，教育学者の
勝田守一である。戦前に哲学を学んだ勝田は戦後，「発達教育学」ともいう
べき理論を探求する。学習論で知られる彼の議論の特徴は，発達を促す要因
として，教育と学習を区別したことにある。発達を先回りする教育の可能性
を論じたヴィゴツキーの議論をさらに発展させて，勝田は，他者からの働き
かけである「教育」よりも，むしろ子どもの能動的な「学習」を発達の原動
力として重視する。発達を促すためになされる他者からの意図的な働きかけ
を教育とするならば，学習とは，子どもが自らの能動的な働きかけにおいて
発達を獲得していく営みである。勝田によれば，人間の子どもが学習すると
いう場合，そこには必然的に子ども自身の興味と努力が伴うものであり，そ
の意味で彼は，発達を引き起こすのは教育であるよりもむしろ学習であると
いう（勝田 1964）。

　発達を左右する要因が子どもの学習活動にあるならば，教育とはいったい
どのようなものか。学習を重視する勝田は，あくまで子ども自身の学習を媒
介にしながら発達に影響を及ぼす活動を，教育と呼ぶ。つまり教育とは，子
どもの発達に対する直接的な働きかけであるよりも，子どもの能動的な学習
のためになされる指導でなければならないというのである。そのため学校教

育の重要な役割は，知識を授けること以前に，子どもたち自身がもつ「内からの発達の要求」に応えることにあると，勝田は考える。

　そのため教師に求められるのは，第一に，子どものなかに成熟しはじめた「学習への興味」をとらえることであり，そのうえで第二に，新たな知識や真理獲得の方法を，かれらの発達に即した学習の内容へと組織していくことであるという。あくまで子どもの学習に視点を据えた「方向づけ」と「学習内容の組織」とが，勝田のいう「教育」のあり方だった。発達をめぐる最も重要な契機を「学習」に置いた彼の理論は，子どもたちの学習活動をコントロールし，発達を方向づけていく営みとして，教育を再定義したのである。1964年に『能力と発達と学習』が刊行されて以後，勝田の学習論は，学習指導要領をはじめ全国の教育実践と研究に多大な影響を及ぼした。

2. 発達の弁証法と生活綴方

　勝田が提起した発達と学習の考えが広がるなか，同じく1970年代にかけて積極的に議論されたのは，ソビエトの教育学から紹介された「発達の弁証法」という考え方である。ソビエトの心理学者，グリゴリー・シーロヴィチ・コスチューク（Grigorii Silovich Kostiuk）を中心に展開されたこの発達観は，子どもが発達する契機として，子ども自身が生活のなかで感じた違和感や矛盾に着目する。コスチュークの論によれば，人間の発達はたとえばピアジェの均衡化のように，動物の本能的な作用に由来するのではない。それは，環境とのあいだに生じた「内的矛盾」を解決しようとする，子ども自身の積極的な働きによって引き起こされるのである。そのため彼の発達理論では，子どものなかにこの「内的矛盾」を引き起こし，それを自覚させることが教師の最も重要な役割として提案される（矢川・川合編 1976）。弁証法とは，相反する二つの物事のあいだに生じる矛盾を自覚し，その矛盾の解決を通していっそう高次の立場を目指そうとする哲学の方法のことである。「発達の弁証法」を重視する立場では，発達する子どもが，その子どもを取り巻く環境とのあいだに感じた矛盾や違和感を大切にし，それを解決しようとするかれら自身の運動によって発達が実現すると考える。

第5章　成熟するとはどのようなことか?

　こうした発達のとらえ方に共感した我が国の教育者たちが，その最適な教育実践として注目したのは，「生活綴方」と呼ばれる教育方法だった。生活綴方とは，大正期に生じた児童（子ども）中心主義運動のなかで模索された作文教育のことである（詳しくは第8章を参照）。無着成恭の『山びこ学校』（1951年）が出版されると，子どもの生活を中心においた綴方教育の実践がよみがえり，再び注目されるようになる。『山びこ学校』の実践は，子どもたちがかれら自身の生活を見つめ，それを作文として表現することで「内的矛盾」に気づかせる可能性を有しており，まさに発達の契機として多くの教育学者から称賛される（須藤 1951）。子どもたちが生活のなかに自ら問題を発見し，解決していこうとする姿は全国の教育者を勇気づけるものであり，無着の実践はまさに理想の教育だった。また子どもが生活のなかに感じた矛盾との闘争は，子どもの発達を促すだけでなく，同時に社会の矛盾を追及し，社会全体を高次の段階へと発達させる契機としても大きく期待されるのである（コラム「教育の歴史観」を参照）。

第4節　発達を乗り越える視座としての生成

1. 〈発達する子ども〉への懐疑

　ここまで発達という考え方の広がりをたどってきた。小・中学校をはじめ自分たちが受けてきた学校教育が，発達の考えのもとに構築され，学習という理論的基盤に成立していたことを，懐かしく思い返した人もいるかもしれない。総合的な学習の時間をはじめ，子どもの主体性を重視する今日の学習指導要領の方針を思い浮かべてみると，勝田によって提起された発達と学習の概念や，生活のなかで子どもたちが生き生きと活動する綴方教育の実践が，いまだ教育現場のすみずみに生きていることに気がつくだろう。たとえば佐藤学が提唱した「学びの共同体」の議論は，学校をさらに主体的な「学び」の場として構築する可能性を提起し（佐藤 1999），また近年の生涯学習をめぐる議論では，子どもや学校空間に限らない，すべての人に開かれた発達と

99

学習の実現を目指している。

　一方，本章の最後に見ていきたいのは，人間の成熟を語る場合に従来の「発達」ではなくて「生成」としてとらえる，教育学の新たな考え方についてである。大きくは1990年代に生じるこうした成熟観の転換は，従来の教育学が〈発達する子ども〉を自明の前提と考えていることへの違和感から次第に広がり，「発達としての教育」という考え方に対して懐疑的な目を向けた。発達に対して新たに提出された「生成」という概念について見る前に，まずはその考え方が現れてくる背景を確認しておこう。

　子どもの発達をもとに教育を語ることに批判的な目が向けられた背景としては，思想的な背景と，学校現場での現実的な背景の，大きく二つが指摘できる。まず現実的な側面としては，1980年代に日本中の学校を襲った「教育荒廃」と呼ばれる現象がある。経済成長を終えて80年代に入ると，いじめや不登校をはじめ，学級崩壊や校内暴力，非行少年の増加など，学校教育をめぐる問題が次々に表面化しメディアを通して注目を集めるようになる。子どもたちのよりよい発達を支えるための学校教育が，その内部においてさまざまな危機に直面したのである。その衝撃は，戦後教育を信頼してきた多くの人びとに懐疑の念を呼び起こし，学校や教育は次第にその存在意義を揺るがされるようになる（第Ⅰ部を参照）。学校でよい教師によい教育を受ければ子どもは健全に発達するという戦後の常識は，一つの神話にすぎないのではないか。相次ぐ教育荒廃の現象は，子どもの発達を担う学校教育に対し，懐疑を呼び起こすのに十分な条件だった。

　こうした社会の状況に合わせて，思想的な側面から成熟観の転換を手伝ったのは，ヨーロッパに由来する「ポストモダン」思想の受容である。1990年代の教育哲学界は，アリエスやフーコーをはじめとしたヨーロッパの現代思想を積極的に受容し，長らく自明と考えられてきた「教育」や「学校」という概念そのものに批判的な姿勢をとりはじめる（原 1999，皇 2012 など）。ソビエトの崩壊をはじめとした激動する世界史の状況もまた，教育学にとっての大きな転換点だった。教育現場が荒廃するなか，発達をめぐる議論の中心だったソビエトの教育学自体が揺るがされ，その基盤だった思想もまた混

第5章 成熟するとはどのようなことか？

迷を余儀なくされる。いったい何が正しい発達なのか，発達が向かう道筋は
いったいどこにあるのか。教育をめぐる「問い直し」や「語り直し」があら
ゆる点で試みられ，教育学は〈学習する子ども〉や〈高次の段階に発達する
子ども〉といった従来の議論の前提に対して，懐疑的な目を向けていく。こ
うした文脈のなかで提出されるのが，人間が成熟する過程を「発達」として
ではなく「生成」としてとらえる視座である。

2. 発達と生成

　では「生成」とはいったいどのような概念であり，これまでの「発達」の
議論とはどのように違うのか。「生成としての教育」を提起する教育哲学者，
矢野智司の議論を参照しながら，その意味と思想をみていこう。

　矢野が従来の「発達」という考え方に物足りなさを感じるのは，それが人
間の変容するプロセスを「学校教育」のなかに閉じ込めてしまうためである。
人間の成熟を発達として語る場合，そこにはいつも到達目標である高次の段
階が想定され，教育は必然的に〈教える教師〉と〈教えを受け学ぶ子ども〉
という二項の関係に限定されていく。つまり従来の発達論の領野では，「教
える－学ぶというきわめてデリケートなかかわり」を，有用性や効率を重視
した「情報の伝達」という狭い課題に矮小化させてしまうのである。

> 　教育を語るときに，私たちの言葉は，しばしば硬直し生気を失ってし
> まう。生の全体性や深さに到達できないのだ。わたしたちは，人の成長
> のプロセスとはなにか，人はどうして変わるのか，ということを考える
> とき，学校教育をモデルにした教育のイメージで考える習慣から，なか
> なか抜けだすことができない。そのため，教える－学ぶという事象を，
> 厚みを欠いた平板なイメージでしかとらえることができなくなっている。
> （矢野　2000: 8-9）

　人間の成熟ないし成長のプロセスに「厚み」を取り戻すためには，発達と
は別の言葉で教育を語る道を模索しなければならない。こうして提起される

101

第Ⅱ部　教育対象について考える

のが,「発達としての教育」に対する「生成としての教育」という考え方だった。矢野によれば「発達としての教育」は,「動物性を否定することによって人間化するプロセス」であり,未来に向けて現在の状態に働きかけていく積極的な「企て」を意味する。前節までに見たような,まさに発達段階に依拠した学校教育の論理であろう。対して矢野が主張する「生成としての教育」は,「有用な生の在り方を否定して,至高性を回復する体験」であり,そのとき,未来に向かっての「企て」という従来の構えは徹底的に否定される。

　生成体験は,私たちが常識的にとらえている意識や物質,主観や客観という枠組みを超えた領野に生起する。発達が主と客に分かれた分別の世界の論理であるとすれば,生成の論理がとらえるのは,その未分の状態である。生成の論理によって,私と世界,主観と客観が相互に融け合い融解する没我的体験が,はじめて成熟の契機として拾い上げられる。不意に我を忘れ世界に没入する経験,認識や意図を超えた神秘的な体験に,私たちは幾度となく驚嘆し,揺らぎ感動する。生成という語り方に立脚するとき,「発達を促す」とか「発達を達成する」といった意図的で未来志向的な語りは,ことごとく拒否されるのである。再び矢野の言葉を引用しよう。

　　　生成としての教育は,発達としての教育のように,人間の生物学的特性と共同体存続の必要性によって要請されるものではない。〔中略〕発達としての教育は,教育を必要とする学習者の存在が出発点だった。それにたいして,有用性の原理に支配された事物の秩序を破壊し,内奥性を回復しようとする生成としての教育は,このような社会生活上の必要性を出発点におくことはできない。(矢野　2000: 45)

3.　生成する教師と子ども

　教育を発達ではなくて生成として語ろうとする場合,教師と子どもの関係にも従来とは異なる視線が要請される。従来のような〈発達を要請する子ども〉と〈発達を援助する教師〉という二項関係を前提にした,〈求め－求め

られる〉図式，あるいは〈与えられ－与える〉図式はもはや成立しない。ツァラトゥストラとソクラテスを挙げながら矢野が描くのは，共同体の意図的な「企て」をことごとく破壊する存在としての教師であり，至高性に立脚し，見返りを求めることなくただ「贈与」する存在としての教師である。先の引用に示されるように，教師は教えを乞う学習者に応じて誕生するのではなく，「過剰な贈与性をもった教える者（贈与者）」がまず誕生し，その教師と出会うことによって，弟子は「生まれる」のである。

　矢野が自ら述べるように，学校教育というシステムに慣れすぎた私たちにとって，「生成としての教育」をイメージすることはいささか困難かもしれない。生成の次元に接したとき，私たちはもはや〈発達する子ども〉を想定することができず，教育を語る言葉を失ったように感じるだろう。そしてこの言葉の喪失こそが，人間の成熟という神秘的な問題をいかに狭い範囲に閉じ込めてきたかという事実を私たちに教えている。人間が成熟する過程を〈子ども〉から〈大人〉に向かう段階的な進化としてとらえる「発達教育学」は，常によりよい未来の段階を想定する。目的志向的な視界のなかに〈正当な発達〉のプロセスが描かれ，その軌道を逸れるものを否定し排除する，暴力的な側面を持ち合わせているともいえる。

　学校教育にたずさわる教育者たちは，子どもたちの発達を真摯に考え，健全な発達のために日々努力し尽力する反面，もしかしたら「健全な発達」という狭い視界に閉じ込められ，日々生成し変容する子どもたちの多くを見過ごしてしまったかもしれない。矢野の提起した「生成」という考え方は，荒廃する教育現場に疲弊し教育の困難に直面する教育学に対し，あらためて人間の成熟をめぐる深淵を自覚させ，その視座を深い次元へといざなうものだった。勝田や堀尾が目指した「発達教育学」とは違う「教育」の語り方として，「教育人間学」や「臨床教育学」の領域を中心に今日もこうした理論の構築が模索されている（西平 2005，皇 2003）。

第Ⅱ部　教育対象について考える

第5節　成熟するとはどのようなことか？

　ここまで人間の成熟について，「遺伝か環境か」をめぐる論争，発達をめ
ぐる教育と学習，そして有用性を志向する「発達」に異を唱える「生成」と
いう，三方向の考え方をたどってきた。操作可能な客観的対象として語られ
た子どもは，能動的に働き発達を遂げるものとして語られ，さらに発達とい
う言葉では語り尽くせない成熟の神秘的な側面が，生成という概念によって
明るみになった。いったい人間が成熟するとはどのようなことか。あらため
て本章での議論を振り返ってみると，まるで〈成熟〉をめぐる考え方自体が，
さまざまな立場や研究，構想を経由しながら，絶えず成熟を続けていくよう
である。ひとたび提起された理論は，批判的に吟味され乗り越えられ，新た
な理論を生みだしていく。

　成熟を問うた本章を通して一つ明らかになったのは，〈子ども〉から〈大
人〉へと成熟する過程に，ただ一つの正しい答えを見出そうとすることの困
難であり，限界であるといえるかもしれない。教師は，一方で子どもの未来
に期待し，かれらの発達を望み支援する立場であるとともに，また一方で，
成熟を高次への移行という単純な道筋ととらえるのではなく，一人ひとりの
人間としての生成に立ち会っていく存在でなければならない。むしろ「成熟
するとは○○である」と，ただ一つの解答に縛られて，固定的に子どもたち
を眺めることは，ある種の危険を伴っているということもできる。人間の成
熟の過程は単純な一本道でもなければ，明確な一色に彩られるわけでもない。
日々の試行錯誤のなかで，子どもたち一人ひとりの成熟に向き合う真摯な姿
勢を通してのみ，人は教育者へと〈成熟〉していくのかもしれない。

[山田　真由美]

第 5 章 成熟するとはどのようなことか？

● **考えてみよう！**

▶「遺伝か環境か」論争を整理し，自分の考えをまとめてみよう。
▶ 戦後日本の教育学が「発達」の考え方を積極的に受容したのはなぜだろうか。戦前までの教育との対比で考えてみよう。
▶「発達」と「生成」の両概念を整理し，それぞれの立場から教師の役割を考えてみよう。

● **引用・参考文献**

ヴィゴツキー著，柴田義松訳（1962）『思考と言語』明治図書出版（原著，1934 年）
大田堯ほか編（1979）『発達と教育の基礎理論』岩波書店
勝田守一（1964）『能力と発達と学習』国土社
佐藤学（1999）『学びの快楽—ダイアローグへ』世織書房
須藤克三編（1951）『山びこ学校から何を学ぶか』青銅社
皇紀夫編（2003）『臨床教育学の生成』玉川大学出版部
皇紀夫編（2012）『「人間と教育」を語り直す—教育研究へのいざない』ミネルヴァ書房
遠山啓（1953）『新しい数学教育』新評論社
西平直（2005）『教育人間学のために』東京大学出版会
バターワース＆ハリス著，村井潤監訳（1997）『発達心理学の基本を学ぶ—人間発達の生物学的・文化的基盤』ミネルヴァ書房（原著，1994 年）
波多野完治（1931）『児童心理学』同文館
原聡介ほか（1999）『近代教育思想を読みなおす』新曜社
ピアジェ著，滝沢武久訳（1968）『思考の心理学』みすず書房（原著，1964 年）
堀尾輝久（1991）『人間形成と教育—発達教育学への道』ミネルヴァ書房
ポルトマン著，高木正孝訳（1961）『人間はどこまで動物か』岩波書店（原著，1944 年）
無着成恭（1951）『山びこ学校』青銅社
矢川徳光・川合章編（1976）『日本の教育3　能力と発達』新日本出版社
矢野智司（2000）『自己変容という物語—生成・贈与・教育』金子書房

105

第Ⅱ部　教育対象について考える

● COLUMN ●

▶ 教育の歴史観

　教育という場合，普通には子ども一人ひとりの成熟にかかわる個人的な営みとして理解されるだろう。しかし教育学の議論において，教育はただ個人的な営みとして論じられてきたのではなく，その背景にはいつも大きな歴史の問題を含んでいた。本章で見た発達と生成の両概念は，実はその歴史観においてもまったく相反しているといってよい。

　まずは発達の立場について見ると，子どもの〈発達〉の背景には，同じく低次から高次へと法則的に展開する歴史の〈発展〉が想定されていた。こうした考え方は，人間歴史の進化・発展を生物の進化・発達になぞらえる，社会進化論の立場に由来する。社会進化論の立場では，社会の歴史的過程に，たとえば〈原始共同体→奴隷制→封建制→資本主義→社会主義〉という必然の発展法則を想定し，一人ひとりの人間を，高次の段階に向かう歴史の発展過程を実現していく存在と考える。そのため子どもの発達は単に個体の成熟ないし成長の問題ではなく，常に歴史的社会的な発展の実現とともに語られる。つまり低次から高次へという未来志向を前提とする発達教育学の立場では，単に個人の能力にとどまらない，同じく低次から高次の法則を実現する，歴史の成熟ないし発展が志向されたのである。

　それでは発達する子どもに懐疑を向けた生成の立場ではどうか。生成概念の提起は，発達教育学が拠り所とした歴史の発展法則に対しても懐疑を向ける。あえて歴史観をいうならば，歴史を一定の法則として見るのではなく，ある場所に生きる人びとが物語る無数のストーリーとしてとらえる，物語論の立場である。こちらの立場では，低次から高次への発展という決められた法則を前提に人間の歴史をとらえることはできない。歴史とは，あらゆる場所で，あらゆるかたちで「物語る」一人ひとりの人間が織り成す生の連鎖であり，それ自体生命の交錯である。文明も未開も，封建制も民主主義も，必然的法則による発展ではなくて一つの「物語」でしかなく，その内部には無数の小さな物語がある。

　どちらの立場にせよ，人間の教育が人間の歴史と密接にかかわることは承認されてよいだろう。教師である限り，子どもが生きる未来を想わずにはいられない。「教育」とともに「歴史」をどのように考えるか。難しくも重要な問題である。　　　　　　　　　　　　　　　　　　　　　　　　　［山田　真由美］

参考文献

コンドルセ著，前川貞太郎訳 (1949)『人間精神進歩の歴史』創元社（原著，1795 年）
矢野智司・鳶野克己編 (2003)『物語の臨界―「物語ること」の教育学』世織書房

第6章

「役に立たないこと」を
学ぶ意味とは何か？

● **本章のねらい** ●

　本章では，一般に「教養」と呼ばれるもの——たびたび「役に立たないが重要である」といわれるもの——がどのように形成され，またなぜこのような言説が定着したのかについて検討したうえで，改めて「教養」の「役立ち」のあり方について考えていく。その際に本章では，昨今の「教養」の語源の一つとして欧米のリベラル・アーツの伝統を取り上げる。このリベラル・アーツは中世を通してある種の「実用性」を有していたが，近代に入るとこの「実用性」が薄れていく。このような歴史的経緯を学ぶことで，現在の「教養」を考える際の基礎としたい。

第1節 「教養」とは何か？

1.「教養」を外国語にすると？

　「これって何の役に立つの？」——小学校から大学までの長い学校生活のなかで，もしくはその後も含めて生涯にわたり学びを継続するなかで，さまざまなことを勉強するにあたり，このように感じることは一度では済まないだろう。もしかしたら，大学でいわゆる「パンキョー」（一般／教養教育科目）など，自身の専攻とは関係のない科目を履修する際に感じているかもしれない。また，教師として児童生徒に向き合った際に，このような子どもの素朴

107

な疑問に対して答えなくてはならない場面も出てくるだろう。この問いに対する答えとしてよく挙がるのが，「役には立たないけど教養として知っておきなさい」というものである。

では，「教養」とは何か。改めて問われてみると，答えに困るのではないだろうか。事実この「教養」という語の意味は，この言葉を用いる人，場面，時代背景などとともにつねに変化してきた。これは同時に，「教養」という日本語を外国語訳する際の困難さにもつながる。英語を例にすると，和英辞書で「教養」と検索すると "culture" や "refinement"，ないしは "education" といった英単語が候補として挙がるが，いずれの語もニュアンスが大きく異なる。

このように「教養」は非常に多様な意味を含む言葉ではあるが，学校での教育課程における「教養」に焦点を当てると，"liberal arts" や "liberal education" ないしは "general education" といった語と対応させることも可能である。しかし学校教育における語句の使用に限ってみても，「教養」理解やこれらの英単語の翻訳，ないしは使い分けにかなりの混乱が見られる。

2. 「教養教育」という語の登場とその混乱

松浦良充（2004）によると，特に戦後日本の学校教育における「教養」形成の問題については，大学・高等教育改革の文脈において，その議論が始まった。なかでも松浦が注目するのが，1991年の大学設置基準改定（いわゆる「大綱化」）である。ここでは従来の「一般教育」と「専門教育」という科目区分が廃止されたことで，戦後新制大学の根幹をなしていた「一般教育」（英語の general education の訳語）が法令用語としては姿を消した。その代わりに，「教養教育」という語が使われ始める。

この「教養教育」が主題となった中央教育審議会の答申「新しい時代における教養教育の在り方について」（2002）を見ると，ここでは「教養」形成を高等教育に限定せず，「人間形成や教育のありとあらゆる側面を含みこむ」（松浦 2004: 109）ものとして定義している。このように定義を広範にすればするほど，「教養」という言葉は汎用性に富む便利な言葉となる反面，このこと

第6章 「役に立たないこと」を学ぶ意味とは何か？

をわざわざ「教養」という語で表す必然性は薄くなると松浦は指摘する。

　そしてこの答申では，「大学における教養教育の課題」として，「教養教育を中心とした教育を行う大学等への改組転換の推進」を提言しているが，ここでクローズアップされるのが，のちに示すような「リベラル・アーツ」と呼ばれる学習内容を中心としたアメリカのカレッジである。この点について松浦は，中教審の議論では「『リベラルアーツ教育』と，『教養教育』『一般教育』が，その意味の異同について自覚されることなく互換可能な概念として用いられている」（松浦 2004: 107）という問題点を指摘する。では，これらはどのように使い分けがなされるべきなのだろうか。

3.「リベラル・アーツ教育」,「教養教育」,「一般教育」

　先に述べた通り，中教審の答申では「一般教育」に代わる語として登場した「教養教育」という語を，アメリカのリベラル・アーツ・カレッジで行われるような教育，すなわちリベラル・エデュケイションを指す語としても用いている。すなわち中教審の議論においては，三つの語は互換可能なものとして用いられている。

　しかし，リベラル・アーツ・カレッジでの教育と教養教育とは，決してイコールで結ばれるものではない。松浦（2004）によれば，リベラル・アーツ・カレッジの教育は，1) 一般教育（general education）やコア科目と呼ばれる〈広さ〉を目指す要素，2) 専攻もしくは専門課程と称される〈深さ〉を目指す要素，3) さらに選択科目や課外活動までをも包含した〈多様性〉を担保する要素，という三つの大きな構成要素から成る。しかし先の中教審の答申では，アメリカのリベラル・アーツ・カレッジでの教育の一要素に過ぎない「一般教育」≒「教養教育」が，さもその全容であるかのように述べられてしまっているのである。

　では，なぜアメリカのカレッジにおいて特定の職業や実務に直結しないとされる，リベラル・アーツの教育が広まったのだろうか。以下本章ではその経緯を検討することで，冒頭の問いに対する回答を考察してみたい。

109

第Ⅱ部　教育対象について考える

第2節　前近代におけるリベラル・アーツ

1. プラトンとイソクラテス

　先に挙げたリベラル・アーツ・カレッジの教育は，無知や偏狭からの自由という考え方をもとに課程が編成されているが，この考え方はプラトン（Plato, B.C. 428?-327?）に由来する。しかしリベラル・アーツの起源は，キンボール（Kimball, 1995）によれば，むしろイソクラテス（Isocrates, B. C. 436-338）に由来するとされる。では，この二人の教育観はどのように異なっていたのだろうか。ここでは佐藤（2016）を主に参照しつつ，両者の教育思想の違いを見ていく。

　プラトンの教育思想を追う際によく参照されるのが『国家』（ポリテイア）第7巻である。ここでは次のような比喩表現が見られる。

　　教育と無教育ということに関連して，われわれ人間の本性を，次のような状態に似ているものと考えてくれたまえ。

　　──地下にある洞窟状の住まいのなかにいる人間たちを思い描いてもらおう。光明のある方へ向かって，長い奥行きをもった入口が，洞窟の幅いっぱいに開いている。人間たちはこの住まいのなかで，子供のときからずっと手足も首も縛られたままでいるので，そこから動くこともできないし，また前のほうばかり見ていることになるので，そこから動くこともできないし，また前のほうばかり見ていることになって，縛めのために，頭をうしろへめぐらすことはできないのだ。彼らの上方はるかのところに，火が燃えていて，その光が彼らのうしろから照らしている。

　　この火と，囚人たちのあいだに，ひとつの道が上の方についていて，その道に沿って低い壁のようなものが，しつらえてあるとしよう。それはちょうど，人形遣いの前に衝立が置かれてあって，その上から操り人形を出して見せるのと，同じようなぐあいになっている。（プラトン 2008: 104，ルビは引用者）

第6章 「役に立たないこと」を学ぶ意味とは何か？

　このような状態に置かれた囚人たちは，もし火とかれらの間に何かが通過すれば，洞窟の奥にその影を見ることとなる。もしそこに通過したものが木でつくった鳥の像であっても，囚人はその影こそ本物の鳥だと思い込むだろうし，その像を運んでいる別の人が鳥の声真似をしたら，囚人はそれが本物の鳥の鳴き声だと思い込んでしまう。「こうして，このような囚人たちは」と，プラトンは以下のようにまとめる。「あらゆる面において，ただもっぱらさまざまな器物の影だけを真実のものと認めることになろう」（プラトン 2008: 106）。

　そして，その影が鳥ではなく木像であり，声を発しているのはそれを運ぶ人間だと見抜くためには，縛（いまし）めを解き，火の方を直視しなくてはならない。しかし暗闇に慣れた眼で光源を直接見ようとすれば，眼に痛みが走る。さらに逆光のなかのものを見ようとするには，相当な慣れが必要となってくる（プラトン 2008: 107-109）。

　この話は，洞窟の奥の壁を「視覚を通して現れる領域」，そして火の光の側を「思惟によって知らされる世界」としたうえで，闇から光への転向，すなわち思惟によって真実＝「イデア」を知ることを「教育」と位置づけるものである。

　そしてプラトンは，この「教育」の実現のために「アカデメイア」と呼ばれる学校を開いた。この学校で重視されたのが，後に「四科」と呼ばれる，数論，幾何学，天文学，和声学（音楽理論）だった。これらの数学的諸学を総合的に研究し，推論ないし証明の技法を獲得したうえで，「イデア」に近づくための「哲学的問答」（ディアレクティケ）へと進む。このアカデメイアでは，真実を「知ること」に重きが置かれ，そこで得た知を利用することはあまり考えられていなかった。こうした考え方は，冒頭の問いへの一つの回答ともなるかもしれない。学校で学ぶ知識は直接的に何かに役立つのではなく，真理に近づくためのものなのだ，と。

　これに対して，ほぼ同時期にアテナイに弁論・修辞学校を創設したのが，イソクラテスである。イソクラテスの教育思想では，知を用いて他者を説得するための言葉の技芸が重視された。イソクラテスは，「普遍的知」（エピス

111

第Ⅱ部　教育対象について考える

テーメー）を哲学の目的として位置づけるプラトンを，そもそもそのような知を人間が獲得することは不可能であると批判したうえで，「思慮」（プロネーシス）の獲得を求めることこそが「哲学者」の役割であると主張した。そのため弁論・修辞学校においては，後に「三学」と呼ばれる文法学，論理学，修辞学（弁論術）が重視された。そしてこれを学ぶことで，適切に推論を組み立て，人びとに対して説得的に語る弁論家を育成することを目指した。

　このようにプラトンとイソクラテスの教育思想は対立を見せたが，この対立は後の時代の思想家たちによって調停される方向へと動く。たとえばキケロ（Cicero, B. C. 106-43）は，「真の哲学者は弁論家であり，真の弁論家は哲学者である」（キケロー 2005）ことを理想とし，双方の教育が双方にとって有益であると主張した。哲学者がせっかく「普遍的知」に近づくことができてもそれを伝えるためには弁論の知識が必要であり，また弁論を効果的に行うためには「普遍的知」を用いる必要があるのである。

2. 「基礎知識」としてのリベラル・アーツ

　このような議論を経て，イソクラテス流の言語を軸とする三学を中心としつつ，プラトン的な真理の追求という観点から数学に関する四科を組み込んだ「自由七科」ないしは「リベラル・アーツ」（liberal arts）と呼ばれる科目を用いた教育が，中世において成立した大学の課程として定着した。ここでいう大学とは，学問的専門職（learned profession）または自由専門職（liberal profession）と呼ばれる，神学・法学・医学の三つの専門職に就くための訓練機関であり，現在のような研究を中心として成立している大学とは異なる。本章では前者を「中世大学」，後者を「近代大学」と呼称する。

　ヨーロッパにおいてはボローニャ大学（1088?-）を始祖とする中世大学は二段階の課程から成っており，第一段階の課程が「下級学部」と呼ばれ，ここで古典語による全課程必修のリベラル・アーツが教授されていた。対して第二段階の課程である「上級学部」は神学・法学・医学の三学部から成り，それぞれの専門職（聖職者，法曹，医師）に就くための実務的な教育が行われていた。学問的専門職を志す学生は，まず下級学部に入って全課程必修のリ

112

ベラル・アーツを学んだ後に，上級学部に入学していた（別府 1997）。

しかし，聖職者になるために幾何学が何の役に立つのか，法律家になるために音楽理論が何の役に立つのか，ないしは医者になるために文法学が何の役に立つのか，といった疑問が生じるだろう。なぜ当時は，学問的専門職となるためにリベラル・アーツが必須となっていたのだろうか。

第一の理由は，言語の問題である。中世においてはまだ印刷技術が発達しておらず，各国の言語に合わせて本を刊行することが困難だった。そのため専門書はすべてラテン語で書かれており，また専門職に従事する者同士の会話もラテン語で行われていた。したがって専門職について学ぶためにはラテン語が必須であり，その訓練のためにリベラル・アーツが学ばれていたのである。

第二の理由として，当時の学問的専門職の職責の広さが挙げられる。たとえば聖職者の場合，宗教が政治と強く結びついていた中世ヨーロッパでは，聖職者がその地域の指導者としての使命も負っていた。さらに聖職者は「全智全能」たる神の代理であったため，民衆のどのような質問や依頼にも応えることが必要だった。したがって四科による広範な知識が，このような責務を全うするために必要不可欠なものとなっていたのである。法曹や医師についても，神による裁きや癒しを代行するという立場上，聖職者に準ずるような立場にあり，場合によっては聖職者が司法や医療を行うこともあった。

このように中世ヨーロッパでは，リベラル・アーツは学問的専門職にとっては極めて「実用的な」学問だった。「リベラル・アーツは役に立つ」と自信をもって言えたのである。これはヨーロッパの大学の下級学部がイギリスに渡ってカレッジとなり，さらにアメリカに渡ってカレッジを形成[1]していった後も，18世紀末まで続く。

3. 古典語の役割の終焉

しかし18世紀末から19世紀初頭にかけて，こうしたリベラル・アーツのあり方に対して異議が唱えられ始める。その背景として挙げられるのが，印刷機の発達による各国語での翻訳書の普及，ドイツでの近代大学の成立によ

第Ⅱ部　教育対象について考える

る近代諸科学の発展に伴う学ぶべき内容の多様化，などである。また，特に
アメリカにおいては独立の機運の高まりに伴って神権政治が見直され，政教
分離が推し進められたことにより，各学問的専門職の「専門分化」[2]が進み，
自身の「専門」以外の職責が減っていった。その結果，リベラル・アーツの
「実用性」が消えていったのである（Kimball 1992）。

　また，政教分離による公的資金の打ち切りも問題だった。アメリカにはキ
リスト教の教会と強いつながりを有するカレッジが多いが，こうしたカレッ
ジも政教分離以前は植民地政府から多くの援助を受けていた。しかし政教分
離により公的資金は打ち切られ，多くのカレッジは財政難に陥る。このこと
から，従来の学問的専門職志望者以外からも学生を募ることとなった（立川
2001）。しかしここで古典語の存在がネックとなる，なぜなら古典語は専門
職以外とは非常に関連が薄く，こうした職業を志さない学生には不要である
と考えられたからである。

　このような理由から，アメリカで二番目に古いカレッジであるイェール・
カレッジ（1701年設立）では1827年に，「死言語」（"dead language"），すなわ
ち古典語の教授課程からの削除が検討された。そしてこれに対する検討委員
会を設置し，約1年がかりでこれについて議論した。そしてこの検討委員会
が報告書としてまとめたのが，「イェール報告」と呼ばれる文書である
（Committee of the Corporation and the Academical Faculty = CCAF, 1828）。この
報告書から，「実用的な」学問としてのリベラル・アーツのあり方が変容し
ていった。

第3節　近代以降のリベラル・アーツ

1.「リベラル・アーツ」の意味の変容

　この「イェール報告」では，「知的活動」，すなわち古典語をはじめとする
リベラル・アーツの学習の効果が，「精神の陶冶」（discipline of the mind）と
「精神の装備」（furniture of the mind）という二つの言葉で表現されている。前

114

第6章 「役に立たないこと」を学ぶ意味とは何か？

者は記憶力や判断力，推理力などの「精神の諸力」(faculties of the mind) を拡
張させるということを意味しており，後者は知識を後に利用することを目指
して蓄えていくということを意味している。そして同報告は，カレッジの目
的は前者，すなわち「精神の陶冶」であるとした (CCAF 1828)。

　つまりこの報告においてリベラル・アーツは，その知識自体をその後の活
動に用いるということに加え，人間に備わるさまざまな能力を拡張させるた
めの訓練の材料として用いられるようになったのである。しかし「イェール
報告」は，「精神の装備」の意味を否定したわけではない。原 (2014) によれ
ば，イェール報告において仕事を行ううえでの推理力，リーダーシップやコ
ミュニケーション能力は，その者が有する知識の広範さに由来するという考
え方が取られている。つまり知識を蓄えていくことには，このような「役立
ち」が予想され，さらにこれによって「精神の陶冶」の度合いが強化される，
というのが同報告の主張だった。

　このイェール報告は，同年および翌年に出版され，数多くのカレッジ関係
者の目に触れることとなり，結果として19世紀のアメリカのカレッジのあ
り方に大きな影響を与えた (Potts 2010)。しかし同報告は，特に19世紀中葉
以降に爆発的にその数を増やした小規模宗派カレッジ[3] によって，古典語
に基づいた伝統的なカレッジ・カリキュラムを保守するための一種の「言い
訳」として利用されてしまうこととなる。すなわち，カレッジでの教育では，
知識の獲得自体は不要であり，知識を獲得する際に行う知的活動の経験こそ
が重要なのだ，という議論である (Geiger 2014)。ここに，「直接的には役に
立たない」というリベラル・エデュケイション観が成立した。

2.「大学」とリベラル・アーツ
(1)「大学」の前提としてのリベラル・エデュケイション

　このような「リベラル・エデュケイション」＝「直接的には役に立たない」
という考え方は，ある程度の説得力をもって普及していく。しかし，そうし
た考えがすべてというわけではなかった。19世紀後半に入って登場した国
有地付与大学や，大学院レベルでの学術研究を中心に行う大学に組み込まれ

115

第Ⅱ部　教育対象について考える

た学士課程においては以下に見るように，「陶冶」＝諸力の拡張と「装備」
＝知識の獲得および応用が対立しない形で解釈されたものと見ることができ
る。

　国有地付与大学とは，アメリカにおいて農学および工学の発展を目的とし
て，これらの学問を行う高等教育機関に対し，連邦直轄地を付与することで
その運営資金を交付しようとする試みにより設立された大学である。この試
みは1862年に法整備がなされ，同法は法案成立に尽力した議員の名を冠し
て「モリル法」(“the Morrill Act of 1862”) と呼ばれている。

　立川明 (2006) によれば，この「モリル法」の根拠となる理論の一つが，
イリノイ・カレッジのジョナサン・ボールドウィン・ターナー (Jonathan
Baldwin Turner, 1805-1899) の「産業大学論」である。ターナーは，当時の社
会の構成員を専門職階級と生産者階級に二分し，両階級が支えあっているこ
とが社会を機能させる前提であると考えていた。しかし当時両者にはリベラ
ル・エデュケイションに関して「巨大な開きがある」と考えており，これを
学ばせるための学校を構想していた (Turner 1911)。立川 (2006) によれば，
ここでいうリベラル・エデュケイションはイェール報告において述べられた
ものを基本としている。そして実際に，モリル法の支援によって創立した国
有地付与大学は，リベラル・アーツ教育の課程を設置し，入学者の大多数が
この課程に在籍した。

　研究大学院の登場においても，これと同様の考え方が見られる。アメリカ
初の「研究」をその中心に据えた近代大学は，1876年創立のジョンズ・ホ
プキンス大学であるといわれている。そしてこの大学の初代学長が，ターナ
ーと同じくイェール・カレッジの卒業生であるダニエル・コイット・ギルマ
ン (Daniel Coit Gilman, 1831-1908) だった。

　これまでのアメリカ高等教育史の通史においては，アメリカにおける近代
大学の登場は，伝統的なカレッジでの教育内容との間に葛藤を引き起こした
と述べられることが多い。現状の知識の批判と新たな知識の創出を旨とする
近代大学の考え方は，古来の知識の伝達に重きを置く伝統的なリベラル・エ
デュケイションの考え方に馴染まないとされてきたためである。さらにジョ

116

ンズ・ホプキンス大学は，学士課程においてグループ・システムと呼ばれる選択式の課程を設置し，古典語を必修としなかったという点においても，一見するとイェール報告に代表されるようなカレッジの課程とはかけ離れたものだろう。

　しかしギルマンのもともとの構想は大学院大学，すなわち既存のカレッジを卒業した者に対する教育であり，そこでは大学院での研究および専門職養成のためには古典語も含めた伝統的なリベラル・エデュケイションの知識が不可欠と考えられていた。ギルマンがジョンズ・ホプキンス大学に学士課程を設置したのも，カレッジに相当する教育機関は存在するが，学位授与権を有する機関が無いという地元ボルティモアの特殊な教育事情を考慮してのものだった（Gilman 1867, 1878）。

　このような議論から，カレッジにおけるリベラル・エデュケイションでは，学生をいわゆる「市民」として育て上げる，というよりは，これらの「カレッジの後に続く学び」の知的基盤を形成するという側面が強調されていくようになる。

(2) 専門教育とリベラル・エデュケイション

　このように，19世紀後半のアメリカでは，一方で伝統的カレッジ＝従来のリベラル・アーツの課程を基盤としてその上位に「大学（院）」を構築していったが，他方で従来のリベラル・アーツの課程を廃し，新たなリベラル・アーツの形を提唱するカレッジも現れた。全米最古のカレッジであるハーバード・カレッジである。ここではGeiger（2014）を基に，ハーバードでの課程の変化に着目する。

　ハーバードでは，1829年にジョシア・クインシー（Josiah Quincy III, 1772-1864）が学長に就任して以降，増え続ける近代諸科学等の科目に対応すべく，それまですべて必修科目であったカレッジの課程に，選択科目を導入した。以降，ハーバードでは選択の範囲が少しずつ拡大していく。

　そしてこの選択制に関して最も大胆な改革を提唱したのが，1869年に弱冠34歳の若さで学長に就任したチャールズ・ウィリアム・エリオット（Charles

117

第Ⅱ部　教育対象について考える

William Eliot, 1834-1926）である。それまでのカレッジでは学生が科目を選択するということが少なく，基本的に必修科目のみで成り立っていた。これに対しエリオットは，学生の科目選択の範囲を一気に拡大させ，ついには完全自由選択制を実現する。こうした課程を採用する理由としては当然一方に専門分化の促進があるが，他方でエリオットはこのように学生が興味をもったことを学ばせるだけでも，「精神の陶冶」が達成されると考えた。

　エリオットがこのように考える理由は，精神の諸力の拡張は，何を学んでも同様に達成されると考えるためである。実際に先のイェール報告の理論的根拠の一つである能力心理学においては，精神の諸力の拡張のためにどのような種類の知識が必要か，といったことが規定されていない。つまりエリオットは，完全必修課程を推奨するイェール報告の理論を逆手にとって完全自由選択制を主張し，科目選択による専門化すらも「自由に」行う教育としてリベラル・エデュケイションを主張した（Eliot 1869）。

　しかしながら，エリオットの提唱する完全自由選択制は，当時の他のカレッジないしは大学には広まらなかった。なぜならこの方式は莫大な科目数の設置を必要とし，またこの考え方はあまりにも根本的にカレッジ教育のあり方を変えてしまうためである。そしてエリオットの学長退任後にハーバードの学長に就任したアボット・ローレンス・ローウェル（Abbott Lawrence Lowell, 1909-1933）は着任後すぐに自由選択制課程を廃し，「集中と分配」（concentration and distribution）方式と呼ばれる課程を導入する。

　この方式は一方で複数の分野から成る選択必修科目を履修させて学びの〈広さ〉を担保するとともに，他方で特定の専攻を選択させることで学びの〈深さ〉を目指すものであり，これは先に述べた前提としてのリベラル・エデュケイションと専門としてのリベラル・エデュケイション，双方の考えを合流させた形といえる。そしてこれ以降，アメリカのカレッジではこの方式を採用することが一般的となり，結果として本章第1節3項で述べたアメリカのリベラル・エデュケイション理解へとつながっていく。

118

第6章 「役に立たないこと」を学ぶ意味とは何か？

3. リベラル・エデュケイションからジェネラル・エデュケイションへ

　しかし，リベラル・エデュケイションの「リベラル」の語源は奴隷制を前提とした「自由」市民階層を指すものだったから，この言葉はつねに貴族的な意味合いを含んでいた。そこで20世紀中葉，特に戦間期以降には，この言葉に代わって「ジェネラル・エデュケイション」という言葉が登場する。

　もっとも，このジェネラル・エデュケイションという語は，アメリカにおいてもいまだにはっきりとした定義がされておらず，多様な用いられ方をする。もともとは上に述べたように「リベラル」への一種の対抗概念として「ジェネラル」という語が用いられたのにもかかわらず，たとえばリベラル・エデュケイションという語とほぼ互換可能な形で用いられることもあれば，リベラル・エデュケイションのなかの一部を指してジェネラル・エデュケイションという語を用いることもある。

　現代のアメリカでの解釈では，ジェネラル・エデュケイションはリベラル・エデュケイションに包含されるという考え方が主流である。先に触れたように，アメリカの学士課程は，必修ないしは選択必修の形で幅広い分野を学ぶ部分と，特定の分野を集中して学ぶ部分に分かれる。このうち前者を「ジェネラル・エデュケイション」と呼び，学士課程の教育全体を「リベラル・エデュケイション」と呼ぶことが多い。さらに，「ジェネラル・エデュケイション」は「職業準備教育」や「専門教育」と対置する形で，日本でいうところの「普通科」に相当する中等教育課程ないしはそこでの教育を指す場合もある。

第4節　「知識」そのものか，「知識」を得る過程か？

1. 実質陶冶と形式陶冶

　以上，非常に大雑把にではあったが，古代ギリシアから20世紀のアメリカにかけてのリベラル・アーツとその教育の変遷をたどってきた。ここから，リベラル・エデュケイションの意義として，大きく二つの考え方が出てくる。

119

第Ⅱ部　教育対象について考える

　第一に，リベラル・アーツで学んだ知識が後の学びに活きる，という考え方である。中世においては三専門職になるための訓練を受けるのに必要最低限の知識として，近代に入ってからはこれに加えて研究を行うための文芸と科学の基礎として，リベラル・アーツは学ばれていた。このように，知識の獲得とその応用に着目した考え方を実質陶冶と呼ぶ。

　そして第二に，人格形成ないしは市民形成のためにリベラル・エデュケイションを行う，という考え方である。特にイェール報告において「精神の陶冶」，ないしは「精神の諸力の拡張」という考え方が提示されて以降，人格形成ないしは市民形成のためにリベラル・エデュケイションが用いられてきた。このように，知識の獲得そのものではなく，知識の獲得過程に注目し，これにより人格の形成を目指す考え方を形式陶冶と呼ぶ。

　そして形式陶冶を目指して教育を行う場合，「知識そのものは何でもよい」，「役に立つ知識はむしろ害悪である」といったような極論が登場し，実質陶冶と対立するようなことがたびたびある。しかし少なくともイェール報告においては実質陶冶＝「精神の装備」は形式陶冶＝「精神の陶冶」を包摂しており，その後のアメリカ高等教育史においても多くの場合この二つを両立させようとしていたと見ることができる。

2.　教養は「役に立たない」？

　しかしながら日本の議論においては，特に大学における「教養」を語る際の枠組みは形式陶冶の考え方のみに準拠することが多いように思われる。ここには，戦前から培われてきた日本独特の「教養」観が影響している。

　大学生の「教養」というと，日本の場合，ある一定の年齢以上の層では，思想書や哲学書を読むことによる人間形成を想起する。竹内洋（2003）によれば，これは旧制高等学校における学生文化の名残であり，それは大衆と世間を学生文化より一段下のものととらえた特権的なものだった。したがって，世間への適応のための実践的な知識の習得は低く見られることが多かった。このような「教養」観はしかしながら，今の学生には共有されていない。竹内によれば，現在の学生文化には旧制高校のようなエリート主義的な要素は

120

無く，むしろ世間に適応するための戦略と化している。

　このように大学においては学生とある一定の年齢以上の層（の教員）の間で，「教養」観が乖離しているなかで出されたのが冒頭に挙げた中教審の答申だった。その後，大学を取り巻く「教養」の議論は，「汎用的能力」，すなわち専門的な知識ではなく，さまざまな場面で応用がきくような能力の育成，という議論へと展開していく。

　2008年12月に出された中教審答申「学士課程教育の構築に向けて」では，先の「教養教育」答申を継承する形で，アメリカのリベラル・アーツ・カレッジを手本とした学士課程の改革の必要性を唱えている。ここで，学士課程の「学修成果」として設定されるのが，「学士力」と呼ばれる諸項目である。

　この「学士力」は，「知識・理解」「汎用的技能」「態度・志向性」「総合的な学習経験と創造的思考力」の大きく四つの項目から成る。そのうえで，この「学士力」は「課題探求や問題解決等の諸能力を中核」としているため，「既存の知識の一方向的な伝達だけでなく，討論を含む双方向型の授業を行うことや，学生が自ら研究に準ずる能動的な活動に参加する機会を設けることが不可欠」としている。

　このような答申を受け，現在各大学では双方向型授業の展開を進めている。しかしこれに対して小方直幸（2013）は以下のような懸念を表明している。すなわち「学士力」のような「能力の修得自体が目的」となることで「学問の修得や研究への参画」が「必要であれば依拠しても構わない，という二次的位置づけに格下げ」される危険性があるというのである（小方 2013: 64-65）。このような批判は，「能力」の育成に関する日米の認識の違いを端的にあらわしている。

　小方の指摘するような懸念は，今日の日本の議論でよく採用される，能力はその能力を使用することで育成される，という考え方に基づく。たとえば授業内にディスカッションを取り入れればコミュニケーション能力を使わざるを得ないのだから，その能力は鍛えられるという考え方である。この場合，ディスカッションの内容は極端な話，「今日の教育問題をどう解決するか」でも，「今日の晩御飯を何にするか」でも構わない。ディスカッションを行

第Ⅱ部　教育対象について考える

うことで得られる，ないしはディスカッションで用いる知識はどうでも良い
ということになってしまう。

　これに対して，これまで見てきたアメリカでの過去の議論の場合，能力の
育成は知識の獲得によってもなされる，という考え方をとっている[4]。この
考え方をとる場合，講義の場合はもとより，ディスカッションを行う場合で
も，どのような知識を用いるかがより重要となってくる。この考え方をとっ
ていれば，能力か内容かといった議論は生じないのではないだろうか。

3.　教養の「役立ち」

　このような議論を踏まえて冒頭の問いに戻ろう。ここで問題となるのが，「教
養」という語でもってその知識の「役立ち」を否定してしまうと，小方の懸
念するような事態になりかねない，ということである。では，「役に立たな
いこと」を学ぶ意義をどのように説明するか。最後にそれに対する回答の例
をいくつか挙げておこう。

　20世紀前半のアメリカにおいて大学院における専門職養成の制度的基盤
を築いたエイブラハム・フレックスナー（Abraham Flexner, 1866-1959）という
人物が，「無用の学の用」（Flexner 1955）という論文を書いている。そこで論
じられているのは，電磁波の研究の例である。電磁波研究の開始当初は，誰
もその必要性を感じず，この研究者は奇異の目で見られていた。しかしその
研究は，後年通信技術として脚光を浴びるにいたる。この研究者が自身の好
奇心のみをもとにこの研究を進めていなければ，今頃はラジオも無線も無か
ったかもしれない。

　このフレックスナーの論文は電磁波研究の例から基礎研究の重要性を説い
たものではあるが，広範な知識を学ぶことについても，同様のことがいえる
だろう。在学中は役に立たない，ないしは趣味と割り切って学んでいたこと
が，後で意外なところで実用的な知識と結びつき，ひいては斬新な発明にい
たる。

　また，コンピュータの業界で不動の地位を築き上げたスティーブ・ポール・
ジョブズ（Steven Paul Jobs）は，新型コンピュータのデザインが，カレッジで

122

第6章 「役に立たないこと」を学ぶ意味とは何か？

学んだカリグラフィーと結びついたと語っている (Jobs 2005)。この一見関係なさそうな二つは，何がどのように結びついたのだろうか。ぜひ原文を読んでみてほしい。

これらの二つの例からいえることは，「役に立たない知識は無い」のであり，現時点で役に立たないという理由で物事を学ぶことを拒否する，あるいは現時点で重要性を感じないような研究を否定することは，進歩の可能性を閉ざすこととなりうる，ということである。このような可能性を語ることが，冒頭の問いへの一つの答えとなりうるだろう。

［原　圭寛］

● 考えてみよう！

▶ 英語をはじめとするさまざまな外国語で「教養」にあたる語を複数探し，そのニュアンスの違いについて調べてみよう。
▶ 大学の学士課程で一見役に立たなさそうな事柄を学ぶことが，その後どのような意味をもちうるかについて，さまざまな人物の考えを調べてみよう。そのうえで，自分の考えをまとめてみよう。
▶ 学校での教育は，知識の獲得を重視すべきか，市民性や人格の形成を重視すべきか。小学校，中学校，高等学校，大学に分けて自身の意見をまとめてみよう。また，それぞれの場合でどのような教育内容を中心にすべきかを考えてみよう。

● 注

1) もともと「カレッジ」(college) という語は，学生たちの寮のことを指す英語だった。イギリスではこのカレッジが大学 (university) のなかに複数存在する形態をとり，そこでは生活だけでなく授業も行われていた。対して大学は試験および学位授与を行う機関の単位だった。これがアメリカに渡った際，カレッジ単体で生活・授業・試験・学位授与すべてを行う形となった。アメリカ最初のカレッジは，1636 年設置のハーバード・カレッジである。その後アメリカにおいては一般に，学士課程（加えて小規模な修士課程）のみを有する高等教育機関を「カレッジ」，博士課程を有する高等教育機関を「大学」と呼ぶようになっていく。しかし現在においては，大学やカレッジも多様化し，上述の説明とは外

れる形態および名称をもつ機関も多数存在する。

2) ここでは，神・法・医の各専門の職責が明確化され，それぞれの専門間での職責の越境が無くなると同時に，各専門職内での専門分化（たとえば医学では内科，外科など）が進み始めることを意味する。

3) キリスト教の特定の宗派を母体とするカレッジのこと。科学の発展に伴う内容を導入するだけの余裕がなかった小規模カレッジにとって，古典語を中心とした課程は容易に導入できる課程として重宝された。

4) このような考え方は，ベンジャミン・サミュエル・ブルーム（Benjamin Samuel Bloom, 1913-1999）のタキソノミー理論およびその改訂版などで，心理学的にも裏づけられている。詳しくは石井（2015）の特に第3章を参照のこと。

● 引用・参考文献

石井英真（2015）『現代アメリカにおける学力形成論の展開（増補版）』東信堂

小方直幸（2013）「大学における職業準備の系譜と行方」広田照幸他編『シリーズ大学5　教育する大学：何が求められているか』岩波書店，pp.49-75

キケロー著，大西英文訳（2005）『弁論家について（上）』岩波書店

佐藤真基子（2016）「古典古代の教育思想」眞壁宏幹編『西洋教育思想』慶應義塾大学出版会，pp.20-34

竹内洋（2003）『教養主義の没落―変わりゆくエリート学生文化』（中公新書）中央公論新社

立川明（2001）「イェィル・レポートのカレジ財政的観点からする解釈」『国際基督教大学学報：I-A 教育研究』（43）：1-27

立川明（2006）「イェイル・レポートからランド・グラント・カレジへ：ジョナサン・ボールドウィン・ターナーと知の共和国構想の誕生」『国際基督教大学学報. I-A, 教育研究』（48）：1-26

原圭寛（2014）「イェール報告（1828）の解釈とイェールの戦略：知識の教授を含み込むものとしての「精神の陶冶」」『近代教育フォーラム』（23）：283-295

プラトン著，藤沢令夫訳（2008）『国家（改版）（下）』岩波書店

別府昭郎（1997）「中世大学における教師と学位」『明治大学人文科学研究所紀要』（41）：297-313

松浦良充（2004）「「リベラル・アーツ」をめぐる理解と誤解：比較大学・高等教育史の視点から」『教育文化』（13）：111-87

Committee of the Corporation and the Academical Faculty（1828）*Reports on the Course of Instruction in Yale College.* New Heaven.

Eliot, C. W.（1869）The New Education. *Atlantic Monthly*, 23: 203-220.

Flexner, A.（1955）The Usefulness of Useless Knowledge. *Journal of Chronic Diseases*,

第 6 章 「役に立たないこと」を学ぶ意味とは何か？

2 (3) : 241-246.

Geiger, R. L. (2014) *The History of American Higher Education: Learning and Culture from the Founding to World War II*. Princeton: Princeton University Press.

Gilman, D. C. (1867) Our National Schools of Science. *The North American Review*, 105 (2) : 495-520.

Gilman, D. C. (1878) Report of the President. In *Third Annual Report of the Johns Hopkins University, Baltimore, Maryland, 1878*. Baltimore: John Murphy & Co.

Harvard University Committee on the Objectives of a General Education in a Free Society (1945) *General Education in a Free Society: Report of the Harvard Committee*. Harvard University Press.

Jobs, S. P. (2005) "You've Got to Find What You Love." Commencement address delivered at Stanford University on July 12th. http://news.stanford.edu/2005/06/14/jobs-061505/ (Accessed on Feb. 27th, 2017).

Kimball, B. A. (1992) *The "True Professional Ideal" in America: A History*. Cambridge, MA: Blackwell.

Kimball, B. A. (1995) *Orators & Philosophers: A History of the Idea of Liberal Education*. Expanded edition. New York: College Entrance Examination Board.

Pak, M. S. (2008) The Yale Report of 1828: A New Reading and New Implications. *History of Education Quarterly*, 48 (1) : 30-57.

Potts, D. B. (2010) *Liberal Education for a Land of Colleges: Yale's Reports of 1828*. New York: Palgrave Macmillan.

Turner, J. B. (1911) A State University for the Industrial Classes. In M. T. Carriel, *The Life of Jonathan Baldwin Turner*. Jacksonville: The University of Illinois Press, pp.74-94.

第Ⅲ部

教育実践について考える

第7章

子どもにどうやって
教えるのか？

● **本章のねらい** ●

　教師は子どもに「教科書を使って」教える。しかし，教科書は自然や社会といった世界そのものではない。人間の知性でそれらのなかから選択したり，それらを秩序だってまとめ上げたりしたものである。それは「表象」と呼ばれる。一方で，子どもに世界を直接「経験させて」教えるという立場もある。教育を可能とする「表象」と「経験」について，また，それらの関係について理解することで，学校における教育や独自な教育機関としての学校の意義，さらには，教育改革を分析する目を養うのが本章のねらいである。

第1節　教育を成立させる「手段・媒介」

　子どもにどうやって教えるのか。本書は「教育の哲学・歴史」を対象としているから，この問いが尋ねているのは教育方法や教師の教授テクニックではない。「どうやって」ということで問うているのは，方法・技術ではなく，「手段・媒介」（何によって，何を通して，ということ）である。そうだとすると，この問いへの一つの答えとしてすぐに思いつくのは，「教科書を使って」というものだろう。すべての子どもに等しく，世界についてのすべての知識を与えるという近代教育の理念を実現するために，教師は教科書や教材という，世界の代理品を用いて教育を行う。世界を写し取ったこの代理品は「表象」

128

あるいは「代表的提示」(representation) と呼ばれている。この代理品は世界そのものを直接に提示するもの (presentation) ではなく，間接的に再－提示するもの (re-presentation) だからである。

　近代教育学の祖と言われるヨハネス・アモス・コメニウス (Johannes Amos Comenius, 1592-1670) は，絵と言葉（文字）を同時に子どもに示すことで，ただちに「世界がわかる」ことを目指した教科書を作成した。しかし，絵と言葉（文字）のような代理品よりも，世界を直接「経験」することが大切だという見方もある。それが，冒頭の問いへのもう一つの答えにつながる。もう一つの答えとは，「子どもの経験に沿って」教えるべきだとする考えである。それは，19世紀末から20世紀初頭にかけて世界的規模で展開した新教育運動とそれを支えた思想のうちに見られる。「子ども（児童）中心主義」を主張したといわれるジョン・デューイ (John Dewey, 1859-1952) は，教科書に書かれていることを丸暗記させるような知識注入の教育を批判して，子どもの「経験」(experience) に基づいた教育の実現を目指した。教育における「表象」と「経験」の思想を取り上げることで，教育を成り立たせる「手段・媒介」に関する論点を知ることができる。

第2節　「表象」に基づく教育

1. コメニウスの教育思想

　コメニウスは，現在のチェコ共和国の東部地方のモラヴィアで生まれた17世紀の思想家である。彼の探求した領域は，哲学，文学，教育学，宗教学と多岐にわたる。コメニウスの生きた時代は，宗教的対立を端緒として，ヨーロッパ諸国を巻き込んだ三十年戦争 (1618-1648年) が起こった時代である。彼の思想の基礎にもキリスト教への深い信仰がある。彼はまた，「われ思う，ゆえにわれあり」という言葉で知られる近代を代表する哲学者，ルネ・デカルト (René Descartes, 1596-1650) のもとを訪ねたことがあり，「知は力なり」という言葉で知られる経験論の哲学者，フランシス・ベーコン (Francis Bacon,

第Ⅲ部　教育実践について考える

1561-1626) の著作にも精通し，その思想的影響も受けていた。こうした歴史的・思想的背景は，コメニウスが，宗教と政治が一体となった近世から，科学に基づいた世界理解が中心となる近代へといたる移行期の思想家だったことを意味している。

　コメニウスが近代教育学の祖だといわれるのは，何より，「あらゆる人にあらゆることがらを教授する，普遍的な技法を提示する」(コメニュウス 1962a: 13) と，『大教授学』(1657年) の副題に掲げて，その教育思想を展開したからである。階級や性別に左右されず，すべての人に，自然と社会のあらゆる事柄が，普遍的な一つの世界として教えられるべきだという理念は，19世紀後半以降の国民国家において実現することになる普通教育の起源と見なされてきた。

　近代への移行期の思想家だったコメニウスは，人間を神の似姿ととらえていた。そして，人間を「大宇宙があまねく拡げてみせるものをことごとくうちに秘めている，宇宙の集約」(コメニュウス 1962a: 69) と見なす当時の世界観を受け継いでいた。人間はマクロコスモス（大宇宙）を自分自身の精神と身体に集約したミクロコスモス（小宇宙）だと考えたのである。そうだとすれば，すべての人間に，さらに，子どもの精神のうちにすら，すでに世界のすべてが用意されていることになる。しかし，コメニウスによれば，それは植物でいえば種子の段階に過ぎない。確かに，神が植物に花や果実となる可能性を与えるように，人間には理性が内在しているが，そのままでは理性は開花しないのである。「…知識そのもの，徳性そのもの，神に帰依する心そのものまでを，自然が与えているわけではありません。」とコメニウスは言う。つまり，自然のまま放置しておいてもよいわけではない。「…申すまでもなく，教育されなくては，人間は人間になることができない」(コメニュウス 1962a: 81) のである。すべての人間のことを，理性を備えた存在だと見なしつつ，教育の必要性を訴える立場は，近代教育の理念そのものを示しているといえる（第1章を参照）。

　その教育を学校が中心となって担うものだと考えるのも，やはり近代教育の特徴である。コメニウスは学校の必要性について次のように説明する。

130

第 7 章　子どもにどうやって教えるのか？

…家父は，小麦粉が入用な時は，製粉職人のところへ行きます。肉は屠殺職人，飲料は飲料製造職人，衣服は裁縫職人，靴は製靴職人，家の建築や鋤や釘などは大工職人，石工，鍛冶職人，鋸職人などのところへ，それぞれ行くわけです。〔中略〕だとすれば，青少年のために学校がないのはおかしいのではないでしょうか。(コメニュウス　1962a: 95)

　近代社会における分業について論じた思想家としては 19 世紀の社会学者，エミール・デュルケム（Émile Durkheim, 1858-1917）が有名である。17 世紀のコメニウスの議論は，社会変動とそれに伴う人間の意識の変化を論じたデュルケムほどには精緻なものではない。それでも，「事物の秩序」という観点から社会における分業を理解し，教育を行う機関として学校が独立して必要であることを説いた思想家だったといえる。

2. コメニウスの『世界図絵』と「表象」

　『大教授学』では，学校の必要性に続いて，当時の学校教育の問題点が指摘され，それを克服してどのような教育がなされるべきかについても論じられている。コメニウスは当時の学校における言語中心の教育を批判して，事物中心の教育を次のように提唱する。

学校は，事物よりさきに，会話を教えています。つまり，青少年の知能をなん年もの間，話し方の技術の中にひきとめておき，いつからかは知りませんが，そのあとでようやく事物の学習つまり数学，自然学などに進むことを許しているのです。しかしながら，事物が実体で言葉は属性です。〔中略〕さきにくるのは，やはり事物です。(コメニュウス　1962a: 156，ただし一部省略。)

　『大教授学』ですべての人に知られるべきとされた世界は，どのようにより具体的に提示され，教育として実践されるのか。また，事物を中心とするとはどういうことか。これらのことを知るために，コメニウスが著した別の

131

第Ⅲ部　教育実践について考える

著書,『世界図絵』を取り上げよう。1658年に出版されたこの本は,世界初の絵入り教科書として,子ども向けの絵本としてヨーロッパで広く読み継がれてきた。コメニウス自身は『世界図絵』を,「世界の事物と人生の活動におけるすべての基礎を,絵によって表示し,名づけたもの」だと言い,「小さな百科全書」(コメニウス 1995: 16) とも表現している。では,世界のあらゆる事柄を伝えるために,どのような内容がどのような構成で書かれているのか。この本では,世界を網羅し,かつ,秩序を与える「汎知学」という体系に基づいて,世界が150の項目に分類され示されている。はじめに序文にあたる「入門」の項目があり,それに続いて世界が示されていく。その順番と内容は,1.神,2.世界,3.天空から,150.最後の審判までである。その途中には,自然の動植物,人間の身体やその構造,社会におけるさまざまな職業や諸活動,運動や遊び,倫理や宗教に関する諸項目があり,神が創造した物質,生物,人間,人間の文化的営みが描かれる。それら世界は世界の最後のときである最後の審判をもって閉じられ,「結び」の項目でこの本は終わる。

　「表象」にかかわって注目されるのは,『世界図絵』の形式である。各項目

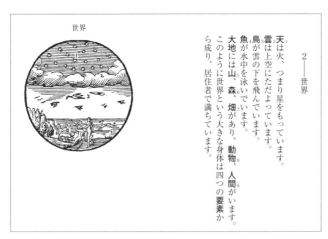

図7.1　コメニウスの「世界」
(出所) コメニウス (1995: 30-31) より作成

は，項目名とそれを示す図絵，そして，それらを説明する文章の三つで成り立っている。**図7.1**を見てみよう。「2. 世界」の項目では，図絵と言葉の対応関係が数字で示されているのがわかる。こうして，天という事物と言葉，雲という事物と言葉（原書ではラテン語とドイツ語が併記）が結びつけられ，一度に学ばれることになる。目で追うことで視覚的に，図絵に示された言葉や説明文を音読することで聴覚的にも，世界のすべてが知られていくのである。言葉や説明文といった言語のみでできた教科書を暗記するのではなく，事物を示すこと，そのために図絵を活用すること，そして，その図絵を通してなされる感覚的な経験をコメニウスは重視した。このような教育は事物主義や感覚主義の立場として特徴づけられてきた。そこには，コメニウスが学んだベーコンの経験論の形跡を見ることができる。コメニウスは次のように主張している。

> あらかじめ感覚の中に存在しないものは，何ごとも理性の中に存在することはありません。したがって事物の区別を正しく把握するように，感覚をよく訓練することは，すべての知恵とすべての知的な能弁さ，および人生の活動におけるすべての思慮にとってその基礎をおくことになるのです。（コメニウス 1995: 12）

とはいえ，世界とそれを示した項目には，勤勉や節制，さらに，**図7.2**の「110. 英知」のように，その言葉が対応する事物を一対一では示しにくいものも当然，存在する。これらについては，たくみな比喩や，他の多様な言葉とその説明を加えることで，全体としてその項目を把握できるような工夫がされている。そこでも，感覚によって経験できるものを挙げることを通して，その事物に迫ろうとしていることがうかがわれる。

それでも，読者の皆さんは，すぐに次のような疑問を感じることだろう。事物主義や感覚主義とはいうが，それは本の上の図絵に過ぎないではないか，事物そのもの，本物の事物ではないのではないか。つまり，『世界図絵』とそこに示された世界は，実際には世界の代理品，「表象」に過ぎず，「経験」

第Ⅲ部　教育実践について考える

図7.2　コメニウスの「英知」
(出所) コメニウス (1995: 250-251) より作成

と呼ばれているものも,「表象」という代理品を経験することでしかないのではないか,と。

3.「表象」を媒介としたものとしての近代学校教育

学校で教育を受けている子どもが,教師に「どうしてこんなことを勉強しないといけないの?」と聞くときには,教育内容が実社会と結びついていると実感できないことがその主な理由としてはあるだろう。この問題は,「表象」を通した学校教育が,本物の教育ではなく,人為的・人工的な偽物の教育だと感じられる,ということとも結びついている。すべての子どもに,特定の知識・技能に限定されない世界を,時間をかけずに容易に学ばせるとなると,前近代の徒弟制のような,実践を通して知識と技能を自然に身につけさせる

134

第7章 子どもにどうやって教えるのか？

教育の仕方を採用することは難しい。特定の職業とはかかわりなく，ある知の秩序に従って，世界に関して選別や組織化を行うこと，それを多くの子どもに普及できる技術（印刷術）と場所（学校）が不可欠である。学校教育は人為的・人工的であらざるをえないのである。こうして，『世界図絵』に見るように，世界を写し取ったとする「表象」としての教科書とそれを使用する学校が近代教育の中心に登場する。現代の教育学者であるクラウス・モレンハウアー（Klaus Mollenhauer）は，このことを次のように述べている。

> 教育学は，300年前から「もう一度」の世界—しかも形式化された模写という枠内での「もう一度」の世界—である，途方もない美学的・象徴的企て，一種の巨大コラージュであって，このコラージュは，その後私たちのカリキュラム考案者が発展途上国にまで浸透するようになってからは世界規模で押し進められている—と，このように言うことができるかもしれない。(モレンハウアー 1987: 59)

コメニウスの時代以降，近代教育の理念を実現することは，あたかも芸術家がさまざまに異なる事物の情報をあちこちから寄せ集めて貼り付けることで作り上げた一つの作品（コラージュ作品）のように，世界そのものではなく，「もう一度」の世界を，教育家たちが作り上げて，子どもに提示することだったとモレンハウアーは述べている。つまり，大人や教師として，「私たちが子どもたちに『世界を指し示す』という場合，私たちが彼らに指し示しているのは世界ではない。指し示しているのは，私たちが世界だとみなしているものであり，私たちが世界とみなしているもののうち，子どもたちにとって指示する価値があり有益だと私たちに思われるところのものなのである。」(モレンハウアー 1987: 90)。それは世界そのものではないかもしれないが，価値があり有益だと思われているものではある。しかし，教育を受けている子どもにはその価値や有益さがわからないし，大人や教師もその価値や有益さについて実はあまり説明できない。「表象」を媒介とした教育はこうしてつねに批判的な問いにさらされることになる。それは異なる教育を求める教

135

第Ⅲ部　教育実践について考える

育運動をも生みだした。その出発点を19世紀の末に見出すことができる。

第3節　「経験」に基づく教育

1. 新教育運動の登場

　「表象」に基づいた教育に対して，子どもに世界を直接経験させることを求める，「経験」に基づいた教育の思想が19世紀の末から20世紀の初めにかけて現れた。それは，新教育運動と呼ばれる学校改革運動を代表する思想だった。コメニウスもベーコンに学び，感覚に訴える経験を重視していたことは事実である。しかし，その経験論は，その後，ジョン・ロック（John Locke, 1632-1704）へと受け継がれていったような感覚論的経験論だった。その発想は，生まれたばかりの人間の精神を白紙（タブラ・ラサ）ととらえ，感覚と反省によって知識のもととなる観念が形成されるとするものだった。しかし，コメニウスから新教育運動にいたるまでには，ルソーによる「子どもの発見」があり，コメニウスの事物主義を批判的に受け継いで実物教授のあり方について思索し，直観教授の原理を提示したペスタロッチがいた（第4章を参照）。

　こうした歴史を経て，教育の対象である子どもについての考察がさらに進んだ19世紀末となると，「経験」は，進化論の登場や，科学技術の発展とそれに伴う産業化の影響も受け，活動的な子どもを前提とした実験的経験論と呼ばれるべきものとなって現れることとなった。進化論や科学技術の発展によって，環境への適応を求められる生物としての人間は，人間に固有の知性を用いて環境に働きかけ，その適応過程で環境を同時に作り変える存在でもあるという認識が広まることになり，それが子どもを活動的な存在ととらえる見方につながっていったからである。

　では，新教育運動とは何か。それは画一的な教授，権威的な教師による指導，古典語や教科中心の教育内容を「旧教育」として批判し，子どもの自発性やそれに基づく自己活動を基礎として学校教育の改革を求めた世界的規模

第7章　子どもにどうやって教えるのか？

の教育運動である。アメリカ，イギリス，フランス，ドイツを出発点として
生じたこの運動には，多くの思想家と実践家が携わっていた（それらについ
ては，コラム「新教育運動の思想家・実践家たち」を参照）。日本でも大正期に
そうした運動が展開した。それは大正自由教育や大正新教育と呼ばれている。
数多くある新教育運動の思想と実践のなかから，ここでは，「経験」概念に
基づく教育思想を代表する思想家として，デューイを取り上げることにしよ
う。

2. デューイの教育思想と「経験」

　デューイは19世紀末から20世紀前半のアメリカを代表する哲学者，教育
学者である。彼は，観念やそれが体系化した知識を，人間が問題解決を行い，
個人と社会の生命を維持するための行動の道具と見なすプラグマティズムや
道具主義と呼ばれる立場を主張した哲学者として有名である。デューイは知
識と行動を切り離すのではなく，環境に適応する行動のための道具として知
識はもともと産み出されたことから，行動の延長線上で知識を理解すべきだ
と主張する。そして，デューイによれば，人間が問題状況に置かれたときに，
行き当たりばったりに対処したり，慣習に単に従ったりするのではなく，そ
の状況を観察によって把握し，問題解決のための仮説を立て，それを実験し
て検証するという過程を精緻なものとしたのが人類の英知である科学である。
デューイはこうした思想をもとにした教育を構想し，シカゴ大学附属小学校
（実験室学校）で1896年から1904年まで実践した。この学校での実践とそれ
を支える思想を記したのが，『学校と社会』（1899年）である。この本の出版
以来，デューイはアメリカにおける新教育運動を意味する進歩主義教育運動
の代表的理論家・実践家として位置づけられるようになった。
　デューイは上記のような思想的立場から，次のように事物主義や実物教授
を批判する。

　　実物教授というものは，知識を与えるためにもくろまれたものであるが，
　　その実物教授をどれほど頻繁にやってみたところで，農場やガーデンで

137

第Ⅲ部　教育実践について考える

　　実際に植物や動物と共に生活し，その世話をしているうちに身につき，
　　その動植物に精通するような知識には，とうてい代わりうるものではな
　　い。（デューイ 1998: 68）

　植物や動物について学ぶときに，具体的に，ある植物や動物を子どもが見
ることができるに越したことはない。学校という場ではそれが難しくても，
図絵という「表象」で示される方が，言葉とその定義を単に暗記することよ
りはよいだろう。だが，デューイは，そのようにして得られる観念や知識は，
行動から切り離されてしまっていると考える。植物や動物に関する観念や知
識は，もともとは人間が生きるための必要から産み出されたものである。だ
から，それらの観念や知識を得る最善の方法は，植物や動物とともに子ども
が生活（行動）し，生活の必要のなかで植物や動物とかかわったり，それら
を用いたりすること（知識の獲得）だとデューイはいうのである。デューイの
いう事物の「経験」とは，その事物が人間の生活の文脈に置かれ，協働のな
かで，つまり，共同で営まれる生活のなかで事物のもつ意味（観念や知識）が
行動を通して学ばれることだった。
　そうだとすれば，「経験」とは，個人を超えた空間的な広がりと，その場
限りの瞬間的な性格を超えた時間的な厚みをもつものだといえる。『民主主
義と教育』（1916 年）には，デューイの考えるこうした「経験」のあり方がよ
り詳しく書かれている。それによれば，「経験」とは「生まれつきの活動力
と環境との両者を次第に修正して行く両者—つまりそれらの活動力と環境—
の相互作用」（デューイ 1975a: 132）のことである。それは単に事物を見たり，
事物と対応する言葉を発したり聞いたりすることではなく，「試みることと
被ることが一緒になった過程」（デューイ 1975a: 229）である。問題解決を行
う過程には，問題状況を被ること，それに対応するために仮説をもとに問題
解決を試みること（さらにはその結果を被ること）が含まれている。この空間
的広がりをもった相互作用は，当然，一定の時間と反省的思考が介在するこ
とを必要とする。したがって，「経験」とは「探求」の過程でもある。「経
験」は，困惑・混乱・疑惑から問題状況に関する推測的予想へ，さらに，そ

138

第7章　子どもにどうやって教えるのか？

れをもとにした試験・点検・探索・分析へ進み，試験的仮説の精密化を経て
仮説の実験へと進むからである。人類が積み重ねた問題解決の「経験」，累
積的な「経験」に子どもが参加し，子ども自らも「経験」することにデュー
イは教育の本質を見出す。デューイによれば，「…教育とは，経験の意味を
増加させ，その後の経験の進路を方向づける能力を高めるように経験を改造
ないし再組織することである」（デューイ　1975a: 127）。

　これは「表象」を否定し，「経験」をその代わりとする，ということだろ
うか。確かにデューイの思想によれば，「表象」を単に子どもの精神が写し
取るとか，子どもの精神が事物の「表象」に世界の真理を直観するといった
発想で教育をとらえることは退けられている。しかし，「表象」はデューイ
においてもなお，行動を導く観念や知識として，行動の準備段階の仮説とし
て，「経験」の重要な一部を成すと見なされているともいえるだろう。言い
換えれば，「経験」とは，子どもがその場の思いつきで衝動的に行動するこ
とではなく，人類が産み出した過去の観念や知識を現在の状況と照らし合わ
せ，反省的思考上で行動のリハーサルをするという意味の「表象」を含んで
成り立っているのである。

3. 社会を表象するものとしての学校

　「経験」に基づく教育を提唱するデューイの立場は，「子ども（児童）中心
主義」とも呼ばれている。デューイが教師や教科中心の教育を批判していた
ことは間違いない。たとえばデューイは次のように主張していたからである。

　　　今日わたしたちの教育に到来しつつある変化は，重力の中心の移動にほ
　　　かならない。それはコペルニクスによって天体の中心が，地球から太陽
　　　に移されたときのそれに匹敵するほどの変革であり革命である。このた
　　　びは子どもが太陽となり，その周囲を教育のさまざまな装置が回転する
　　　ことになる。子どもが中心となり，その周りに教育についての装置が組
　　　織されることになるのである。（デューイ　1998: 97）

139

第Ⅲ部　教育実践について考える

　デューイは子どもを太陽にたとえて，教育観に関するコペルニクス的転回
が求められていると説いた。しかし，事物主義と実物教授への批判や，天体
のたとえをきちんと読み取れば，それが，子どもを自由放任の状態に置くこ
とでもなければ，実物を表面的に体験することだけを奨励したものでもない
とわかるだろう。太陽（子ども）は他の惑星（知識）と相互的な関係にあるの
である。まず，教育では，世界についての大人が定めた真理だからという理
由で知識が提示されるのではない。人類が問題解決を迫られ，その結果とし
て産み出された知識があるから，子どもはその問題状況を提示される。ただ
し，その問題状況も単に過去の人類や前の世代にとってだけの問題状況であ
れば，その知識と子どもとの間に相互作用は生じない。したがって，問題状
況で生じる「その疑問は，本人の経験の，ある情況の中で，自然に心に浮か
んでくるのか」ということ，「それは，生徒自身の問題であるか」（デューイ
1975a: 246）が問われることになる。言い換えれば，「なすことによって学ぶ
学習を必要とする情況から出発すること」（デューイ　1975a: 291）がデューイ
の考える子ども中心の趣旨だった。
　しかし，どうすれば，人類が行った問題解決とその産物としての知識が，
子どもにとっても自分自身の問題であり，成果だと感じられるようになるの
だろうか。これを実現するためにデューイが採用したのは，学校を子どもた
ちが協働する，共に生活する小さな社会とすることだった。デューイは自ら
の「実験室学校」の特徴について次のように述べていた。

　　学校は，将来なされるであろうある種の生活と，抽象的で実際とはかけ
　　離れた関係をもつようなレッスンを学ぶ場所ではなしに，生活と親密に
　　結びつき，子どもがそこで生活を指導されることによって，子どもが学
　　ぶうえでの住み処となるような機会を提供することになる。学校は，小
　　型の共同社会，胎芽的な社会となる機会を得るのである。（デューイ
　　1998: 77）

デューイはここで，二つの教育を批判している。一つは，前近代の共同体

における教育のような，特定の職業に向けた知識と技能の習得のための教育，職業の準備のための教育である。これは近代教育としてはあまりに範囲が狭すぎるのである。もう一つは，新教育運動の登場以前に見られたような，抽象的で生活からはかけ離れた知識の暗記を主とする教育である。このような教育では「表象」としての知識が，人類の問題解決の労苦という血の通った現実味のあるものとしては「経験」されないからである。広く知識は学ばれるべきである。しかし，前近代の共同体のように活動を通してだとデューイは主張する。そうだとすれば，学校が一つの社会となり，協働を営むことを通して子どもが生きた形で知識を学ぶようにすればよい。これがデューイの目指した教育だった。そのために，デューイは学校での教育を，人間の生命維持の基本となる衣食住にかかわる「仕事」(occupation) を基礎に据えたものとした。たとえば，「実験室学校」の子どもたちは，人間の弱い皮膚を守るために，先祖たちが植物や動物から糸の原料を手に入れ，道具を考案して布を織りあげたことを，自らをその身において考え，実践した。人類がかつてした「経験」を再現，再構成していったのである。教科は，生命を維持するこうした「仕事」と呼ばれる活動から専門的に分岐，分化したものとして位置づけられ，「仕事」との連続性のもとで学ばれた。

　こうして，デューイが提唱し実践した学校のあり方にまで視野を広げて考察すると，「表象」と「経験」との新たな関係に気づくことだろう。デューイの教育思想に照らしてみれば，「表象」とは実験的な「経験」の一部を構成する仮説であり，また実験によって確かめられた知識だということになる。これは，コメニウスが提唱した，「表象」を通した事物の感覚的「経験」とは異なるものである。ところが，その一方で，学校を小さな社会とすることを説くデューイの主張には，学校や学校で生活する子どもが社会を「表象」することが求められているのではないかと気がつくからである。学校では社会生活が営まれ，社会生活が再現されるのであれば，教科書ではなく，学校生活そのものが世界の「表象」となることを期待されていて，子どもたちはその再現活動，「表象」を実演する存在として位置づけられているように見えるのである。

141

第Ⅲ部　教育実践について考える

　実は，コメニウスにも，子どもが世界を実演する場として学校をとらえる見方があったことが『遊戯学校』という著書によって知られている（北詰2015）。『大教授学』のなかでも，コメニウスは，「…劇や会話の方法をとって学んだものの方が，教師の話をただ聞くよりも，学習者の魂に堅く根をおろして離れない」（コメニュウス 1962a: 226）と述べ，子ども自身が劇を通して世界を実演すること，言い換えれば，世界の「表象」の一部となることを推奨していた。要するに，子どもにどうやって教えるのか，という問いは，学校という，教育を体系的に行う場とは何であるのか，という問いともつながっているのである。

第4節　現代教育学の動向と世界の実演

1. 状況的認知と文化的実践としての学習

　「表象」と「経験」との関係は，世界の「表象」が感覚を通して「経験」されること（コメニウス）から，「経験」のなかで「表象」を反省的思考の仮説として組み立て，それを実際に行動で応用しては再構成すること（デューイ）へと変遷した。だが，同時に，その変遷には共通した着想があることも見てきた。それは，学校や子どもが世界を実演によって「表象」することが「経験」だという見方である。しかし，新教育運動までに見られた「表象」と「経験」との関係は，人類の「経験」の産物とは学問という独立した系統・体系だと主張する立場が系統主義・系統学習として登場すると，再考を迫られることになる（第9章参照）。デューイ以降から現代までの海外と日本の教育改革の動向は第8章と第9章に譲り，本章の最後に，より近年の教育学の動向を「表象」と「経験」の観点から概観しておこう。

　まず取り上げるのは，1980年代以降に知られるようになった「状況的認知」（situated cognition）という考え方である。心理学において認知とは，世界の事物や自分自身の身体から生じる刺激を人間が感覚器官によって受容し，知覚によって弁別したうえで，それに判断や解釈を加えることをいう。この

142

見方によれば，「表象」は人間の認知の働きを指すものだといえるだろう。この見方の問題点は，まるで世界の事物と人間の認知が一対一で，かつ，静的に対峙しているかのように見えることである。人間は『世界図絵』がそうだったように，世界の事物を写し取るだけであるかのようである。こうした見方を表象主義と呼ぶ。「状況的認知」は表象主義的な認知理解への批判として現れた。それは，認知が文化的・歴史的な文脈や個別的・具体的な状況に埋め込まれており，それらから切り離すことができないという見方をとる。それはまた，個人が，共同体の年長者をはじめとする他者や，共同体が産み出した文化と歴史を帯びた道具との絶えざる関係のうちにあると想定する。言わば，「表象」は「経験」に埋め込まれているのである。

　ジーン・レイヴとエティエンヌ・ウェンガー (Jean Lave and Etienne Wenger) は，心理学の実験室ではなく，日常生活で生じる認知を考察したり，学校の外で行われている教育と学習，具体的には徒弟制を観察・分析したりすることで，「状況的認知」の観点にたどりついた。この観点から見れば，教育という営みで注目すべきなのは，それによって生じる学習の方である。教育が達成されるのは，学習者である子どもが単に知識を頭のなかに蓄積することによってではなく，ある共同体の文化的・歴史的実践に参加し，その参加の度合いや質を高めることによってだとされるからである。子どもはある共同体の新参者として認められていれば，正統的に，ただし，周辺的に参加することから始めることになる。これを「正統的周辺参加」という。子どもができることが増えてくれば，その参加は十全的参加へと近づいていく。「つまり，学習者は否応なく実践者の共同体に参加するのであり，また，知識や技能の修得には，新参者が共同体の社会文化的実践の十全的参加 (full participation) へと移行していくことが必要だということである。」(レイヴ&ウェンガー 1993: 1)。

　産婆であろうと，仕立屋であろうと，職人は，はじめはみな新参者として，熟練者のもとで，周辺的な仕事を実際に行うことを通して学ぶ。そこには，知識と行動，「表象」と「経験」の分離は存在しない。このことは次のことを学校教育に奨励するとともに，示唆する。「すなわち，教えることや，公

143

第Ⅲ部　教育実践について考える

式の意図的な学習状況といった点へのとらわれをやめて，成員であるための
すべての手段や成員性の根拠にアクセスすることが中心になっているケース
に関心を向け直すことなのである。〔中略〕『ああいう人たちになること』(熟
練者のような人たちになること：引用者注) ということが具体化した到達点な
のであり，それは目標，課題，あるいは知識獲得というような狭い，単純な
ことばで表現するにはあまりにも複雑なものなのである。」(レイヴ＆ウェン
ガー 1993: 67)。「状況的認知」は社会と学校との関係を，日常生活における
学習と学校生活における学習との関係をやはり問い直しているといえる。

2. 真正の学習

　では，学校での教育・学習をどうすればよいのだろうか。それに対する一
つの答えとして現在，世界的に注目されているのが，次に取り上げる「真正
の学習」(authentic learning) である。第9章で見るように，現在では，世界的
規模で学校での教育・学習の大幅な改革が進行中である。それは一言でいえ
ば，世界について何を知っているか，世界についてどれだけの知識をもって
いるかを問うことから，世界で何ができるか，必要な知識を世界で活用でき
るかを問うことへの転換である (「コンピテンシー」に基づいた教育)。このた
めに，学校教育の各教科の指導で，子どもたちに，実社会，日常生活で迫ら
れる問題解決に近い環境を与えること，すなわち，「真正の学習」(= 本物
の学習) が求められるようになっている。人為的・人工的であらざるをえな
い学校で，できるだけ実社会に近い文脈や状況に子どもを置くことが目指さ
れている (石井 2015a, 2015b)。

　学校再建の実践と研究を行ったフレッド・ニューマン (Fred M. Newmann)
はその柱として，「真正の学力」という発想を打ち建てた。ニューマンによ
れば，「真正の学力」は実社会における知的成果と対応したものである。具
体的には，それは，「成功をおさめた大人たち (科学者，音楽家，企業人，職人，
政治家，弁護士，作家，物理学者，デザイナーなど) がとってきたような，有意
味で価値のある重要な知的成果を意味する」(ニューマン 2017: 36)。学校での
学習が，こうした知的成果にならった学習であることを判断する基準として，

144

ニューマンは，1. 知識の構築，2. 鍛錬された探究，3. 学校外での価値の三つを挙げる。「鍛錬された探究」には，学問という既存の知識とそれを活用するための一層深い理解が求められる。したがって，ニューマンが「真正の学力」のために構想する「真正の学習」は，学問に裏打ちされた各教科の知識を，日常生活と乖離した不自然なものとして否定するものではなく，子どもが主体的に行う知識の構成と各教科の知識とを有機的に結びつけて，学校での知的活動を真正だと言いうるものに変えることを意図したものである。

また，教育評価の領域では，グラント・ウィギンズ (Grant Wiggins) が，従来型のテストによる評価を乗り越え，子どものパフォーマンスを考慮できる「真正の評価」を可能とするために，「真正の学習」の条件を考察している (Wiggins 1998)。さらに，ウィギンズはジェイ・マクタイ (Jay McTighe) とともに，知識の習得にとどまらずに，知識を活用する力を「理解」と定義し，「理解」をもたらすカリキュラム設計が行われるべきだと主張している (ウィギンズ＆マクタイ 2012)。

現代の学力論と結びついたこれらの動向を「表象」と「経験」という観点から考察してみよう。それらは，コメニウスやデューイの思想における「表象」と「経験」および，「表象」と「経験」相互の関係に関する課題をどの程度引き継いでいるだろうか。また，近代を生きたコメニウスやデューイの思想とどの点が異なっているだろうか。さらに，現代に特有の条件のもとでかえって見失われている点があるとすれば何だろうか。「表象」と「経験」という観点は，教師や教師を目指す学生が現代の教育と向き合うための道具を与えてくれるのである。

［古屋 恵太］

第Ⅲ部　教育実践について考える

● 考えてみよう！

▶ あなたがこれまで経験してきた学校教育では，「表象」と「経験」はどのように位置づけられていただろうか。具体的な場面を挙げて説明してみよう。
▶ 学校を小さな社会とすることの利点は何だろうか。また，それによって生じる問題点や課題は何だろうか。
▶ 本章の内容をふまえて，独自に「本物の学習」に必要な条件を挙げるとしたら，どのような条件が考えられるか。友人と議論して考えてみよう。

● 引用・参考文献

石井英真 (2015a)『今求められる学力と学びとは—コンピテンシー・ベースのカリキュラムの光と影』日本標準

石井英真 (2015b)『現代アメリカにおける学力形成論の展開—スタンダードに基づくカリキュラムの設計』東信堂

ウィギンズ＆マクタイ著，西岡加名恵訳 (2012)『理解をもたらすカリキュラム設計—「逆向き設計」の理論と方法』日本標準 (原著，2005 年)

北詰裕子 (2015)『コメニウスの世界観と教育思想—17 世紀における事物・言葉・書物』勁草書房

コメニウス著，井ノ口淳三訳 (1995)『世界図絵』平凡社 (原著，1658 年)

コメニュウス著，鈴木秀勇訳 (1962a)『大教授学 1』明治図書出版 (原著，1657 年)

コメニュウス著，鈴木秀勇訳 (1962b)『大教授学 2』明治図書出版 (原著，1657 年)

佐伯胖監修，渡部信一編 (2010)『「学び」の認知科学事典』大修館書店

デューイ著，市村尚久訳 (1998)『学校と社会—子どもとカリキュラム』講談社 (原著，1899 年)

デューイ著，松野安男訳 (1975a)『民主主義と教育（上）』岩波書店 (原著，1916 年)

デューイ著，松野安男訳 (1975b)『民主主義と教育（下）』岩波書店 (原著，1916 年)

ニューマン著，渡部竜也・堀田諭訳 (2017)『真正の学び／学力—質の高い知をめぐる学校再建』春風社 (原著，1996 年)

モレンハウアー著，今井康雄訳 (1987)『忘れられた連関—〈教える—学ぶ〉とは何か』みすず書房 (原著，1985 年)

レイヴ＆ウェンガー著，佐伯胖訳 (1993)『状況に埋め込まれた学習』産業図書 (原著，1991 年)

Wiggins, Grant (1998) *Educative Assessment: Designing Assessments to Inform and Improve Student Performance.* San Francisco: Jossey-Bass.

第7章　子どもにどうやって教えるのか？

——————● COLUMN ●——————

▶ 新教育運動の思想家・実践家たち

　19世紀末から20世紀初頭にかけて活躍した新教育運動の思想家・実践家は，第7章で取り上げたデューイ以外にもたくさんいる。たとえば，イギリスのアボッツホルムの学校を創設したセシル・レディ（Cecil Reddie），ドイツの田園教育舎の創始者であるヘルマン・リーツ（Hermann Lietz），フランスのロッシュの学校を運営したジョゼフ・エドモン・ドモラン（Joseph E. Demolins）などである。これらの思想家の学校は寄宿制であり，教師との信頼関係のもとで，中等教育段階の子どもの知・徳・体の全人格的教育が目指された。

　デューイのように，初等教育段階の子どもも対象とし，「仕事」のような「経験」に基づく教育，作業を伴う教育の思想を展開した思想家としては，書物中心の学校から「労作学校」への転換を唱えたドイツのゲオルグ・ケルシェンシュタイナー（Georg M. A. Kerschensteiner），「生活による生活のための学校」の実現を訴えたベルギーのジャン＝オヴィド・ドクロリー（Jean-Ovide Decroly），自然や社会との関わりで生じる欲求充足の重視やそれを自由に文章に表現した「自由テクスト」の実践で知られるフランスのセレスタン・フレネ（Celestin Freinet）などがいる。

　世界規模の学校改革運動であった新教育運動は日本でも展開した。それを大正自由教育や大正新教育と呼んでいる。「個性尊重の教育」を掲げた澤柳政太郎の成城小学校，野口援太郎ら児童の世紀社が創設し，「協働自治」を掲げた野村芳兵衛の実践で有名な池袋児童の村小学校，及川平治の「分団式動的教育法」が実践された明石女子師範学校附属小学校，木下竹次の「合科学習」で知られる奈良女子高等師範学校附属小学校，他にも小原國芳，羽仁もと子，手塚岸衛らの思想と実践など，驚くほど多くの挑戦的な試みが日本でも行われた。

　新教育運動を特徴づける標語としては，「子ども（児童）中心主義」がある。しかし，思想家の実践を見れば明らかなのは，多くの場合，その実践に共通するのは，子どもの生活経験が自然や社会との連続のもとでとらえられており，子どもの学校内外で行う活動が，協働や学校を一つの社会（生活共同体）とする試みだったことである。その意味で新教育運動は，新たな社会のもとで学校のあり方を問い直す際に立ち帰ることが必須の思想・実践なのである。

［古屋　恵太］

参考文献
長尾十三二編（1988）『新教育運動の理論』明治図書出版
中野光（1998）『大正自由教育の研究』黎明書房

第8章

学校教育は子どもの生とどのようにかかわるか？

● **本章のねらい** ●

　本章では，日本の教育を歴史的に振り返り，教育実践についていくつかの事例を学びながら，「学校教育は子どもの生とどのようにかかわるか」について検討する。ただしそれは，既存の教科や科目がどのように子どもの生とかかわっているかを説明するというものではない。検討のために概観するのは，戦後初期の社会科，無着成恭の『山びこ学校』，東井義雄の『村を育てる学力』，生活指導運動，金森俊朗の「いのちの学習」である。これらはいずれも，子どもの生の現実を直視して既存の枠組みを批判的にとらえなおし，教育実践の新たなあり方を提示している。こうした実践に学びながら，学校教育と子どもの生とのかかわり方について検討できるようになることが，本章のねらいである。

第1節　子どもの問いから考える

　　学校の勉強は私が生きていくこととどんな関係があるんですか？

　このように子どもから問われたらどのように答えるだろうか。教職に進もうとする者であればいつか直面する問いだろう。第6章で論じられたように，「役に立たないこと」を学ぶ意味を説明してこの問いに答えることもできる。しかし，「役に立つこと」あるいは「関係があること」として説明すること

148

第8章　学校教育は子どもの生とどのようにかかわるか？

はできないだろうか。

　たとえば，次のような答えが想定できる。

　　国語や英語はコミュニケーションの基本になるし，算数や数学は論理的
　　思考力を鍛えるために必要だよ。社会科は今自分が生きている社会につ
　　いて知ることで損をしないようにしてくれるし，理科も今の科学技術の
　　基本になるものだから，知っておけば将来必ず役に立つよ。

　こうした言葉によって子どもをある程度納得させることはできるかもしれ
ない。しかしながら，その回答は果たして心からのものだろうか。国数英理
社を学ばなければならないという前提からスタートして，それをどうにか表
面上納得させようとする，単なる理屈づけでしかないのではないだろうか。
　第7章で新教育運動と「経験」に基づく教育について学んだ私たちは，学
校教育が子どもの生（生活や人生，生き方や生き様）との関連の薄いものにな
っているのではないかという反省から，学校教育をさらに深く問い直すこと
ができるだろう。そしてそこから，子どもの生と密接にかかわるような形で
学校教育を構想することもできるように思う。
　そこで本章では，日本の教育を歴史的に振り返って学ぶことをとおして，
「学校教育は子どもの生とどのようにかかわるか」という問題を考えてみる
ことにしよう。

第2節　近代学校教育の成立と子どもの生活の変化

　日本において，子どもの生活経験を重視するカリキュラムが広範に見られ
たのは大正期を除けば，第二次世界大戦後から1950年代はじめにかけてだ
った。では，それまで学校教育は子どもの生活と無関係だったかというとそ
うではない。政府は学校教育をとおして人びとを啓蒙しようとし，その生活
を近代化しようとしていた。そうした意味で，学校は子どもの生に大きな影

149

第Ⅲ部　教育実践について考える

響力をもっていたといえる。

　日本における近代的な学校教育制度は，1872（明治5）年の学制に始まる。そしてその序文に当たる「学事奨励ニ関スル被仰出書」には，明治政府の教育に関する基本方針が示されている。それによると，個人の立身出世のためには学ぶことが必要であり，学校はそのためにある。また，そこで学ばれる内容は実学的なものであり，すべての人が就学すべきであるという。被仰出書に示されたこのような考え方は欧米の近代教育の理念に支えられたものだったが，一方では富国強兵・殖産興業を目指した国家目的のなかに位置づけられてもいた。欧米先進諸国に追いつくためには，西洋の科学的知識を国民に広めることが急務だったからである。

　しかし，こうした学校教育制度はすんなりと浸透していったわけではない。就学率は思うように伸びず，学制公布1年後の1873（明治6）年にはわずか28.1％（男39.9％，女15.1％）に過ぎなかった。その原因の一つとしては，学校で教えられる教科内容が一般民衆の生活現実とかけ離れていたことが挙げられる。民衆にとって学校制度はいわば開化の強制だった。そのためかれらは，学校打ちこわしや子どもの不就学といったさまざまな形で抵抗していた。

　とはいえ就学率は少しずつ上昇し，1902（明治35）年には就学率は90％を超えた。この間，初代文部大臣の森有礼が学校段階別の学校令（1886年）を公布して学校制度の基礎を固めている。さらに1900（明治33）年には小学校令が改正されて授業料は無償となった。その他，就学督促の強化や学校の地域への定着などもあって就学率は上昇した。こうして義務教育制度が確立し，学校教育は当然のものとなっていく。

　そのなかで子どもたちの生活は大きく変わる。何より，学校に行くこと自体が子どもの生活にとって大きな変化だった。子どもたちは決められた期間，学校に収容されることとなり，生活の中心が学校へと移るからである。また，学校での生活をとおして子どもの生活や慣習も変化していく。第3章で示されたように，学校は時間割によって子どもを拘束するため，子どもは時間に従って生きることを学んでいく。また，学校は机と椅子の生活を多くの家庭に先立って子どもたちにもたらしたし，持ち物や衣服を西洋風に変化させる

第 8 章　学校教育は子どもの生とどのようにかかわるか？

ことにも一役買っていた。学校は，近代化をもたらす強力な装置であり，子どもの生活を規定するものだった。

　この時期の学校教育の主流は，子どもの生の現実を無視した，画一的なものだったということを，ここで確認しておこう。学級のなかの数十人に対して一度に同じことを教えようとすれば，事前制御によって偶然性を排除し，計画的に物事を進めなければならない。そこから外れようとする子どもたちの態度は望ましくないものとして扱われ，矯正の対象となる。それは子どもの生の現実を無視したうえで，近代的な「望ましい生き方」を子どもに植えつけようとしていた。

　こうした教育に対する反動は，世界的には19世紀末から20世紀初頭にかけて起こり，日本においては1920年代から1930年代前半にかけて大正自由教育運動という形であらわれた（コラム「新教育運動の思想家・実践家たち」を参照）。大正自由教育運動は画一的な詰め込み教育を批判し，子どもの興味や関心，自発性を重視するものであり，日本全国から注目を集めた。しかしながら1930年代に軍国主義的な空気が強まると，大正自由教育の勢いは衰えてしまった。また，大正自由教育の限界として，それがあくまで天皇制体制内の自由教育に留まっていたことも指摘されている。大正自由教育の論者の多くは，天皇制国家主義や教育勅語に同調的だったともいわれる。

　ここで，戦前の教育に関するものとして，「教育ニ関スル勅語」（教育勅語）にも触れておこう。勅語とは「天皇の御言葉」という意味であり，教育勅語は1890（明治23）年，明治天皇の勅語として発布された。日本の教育の拠り所が天皇の統治と臣民の忠誠の関係に基づく「国体」にあることを示したうえで，「孝」や「友」といった臣民の守るべき徳目を示し，こうした教えが普遍的な真理であることを示している。教育勅語は戦前の国民教育の拠り所とされ，数多くの解説書が刊行された。教育勅語が実際にどれだけ子どもたちに浸透していたのかは措くとしても，子どもに浸透させるべき精神を外部から規定していた点で，これまで見てきた学校教育制度と同じ考えのもとに立っていたといえる。

151

第Ⅲ部 教育実践について考える

第3節 戦後教育改革と社会科

1. 戦後教育改革

　終戦後，日本はそれまでの軍国主義から民主主義へと大きく転換した。日本社会の各分野にわたって改革の実施が要請されたが，そのなかでも教育改革はとくに重要なものだった。それは，教育を改革することで国民の思想や生活を改変し，それを新たな時代の土台としようとしていたからである。

　1945（昭和20）年10月に連合国軍総司令部（GHQ）が教育に関する指令を次々に発表するが，それらは戦前の教育体制を解体し，軍国主義的な教育を改めようとするものだった。さらに1946（昭和21）年にはアメリカ教育使節団が来日し，調査研究の後，報告書をまとめている。この報告書は，戦後日本の教育の基本的な方針を定めるものだった。具体的には，中央集権的で画一的な教育の排除，国定教科書の廃止，日本史・修身・地理の停止，男女共学で授業料無徴収の義務教育，などが提言されている。

　こうした改革の提言を受け，法令を定めながら具体的な改革が進んでいくこととなる。1946（昭和21）年に公布された日本国憲法のもと，1947（昭和22）年には教育基本法および学校教育法という，教育に関する二つの基本的な法律が制定された。教育基本法は教育の理念と基本的なあり方を規定した根本法であり，教育の目的を「人格の完成」にあるとした。「御国のために」という戦前の考え方が否定され，個人の人権が尊重された形で教育が考えられるようになったのである。また，学校教育法では，機会均等の理念のもと，6・3・3制の単線型の学校体系が定められた。さらに翌1948（昭和23）年には，教育委員会法が定められた。この法律では，教育行政の民主化と地方分権を図るために，委員を地域住民が選挙するという公選制がとられた。

　このようにして戦前の軍国主義的な教育制度は，民主主義を目指す新たな教育制度へと改められていった。それに伴い，具体的な教育実践についても，民主的な方向へと改革が進んでいく。社会や教育制度が民主化へと転換し，目指すべき生活も大きく変化しているなかで，教育課程や教育実践も大きな

152

第8章　学校教育は子どもの生とどのようにかかわるか？

変化を迫られたのである。

　その基準となるものとして編成されたのが学習指導要領だった。最初に出された『学習指導要領一般編（試案）』は、「試案」という但し書きが示しているとおり、「新しく児童の要求と社会の要求とに応じて生まれた教科課程をどんなふうにして生かして行くかを教師自身が自分で研究して行く手びきとして書かれたもの」である。これまでの教師用書が一つの動かすことのできない道を決めていたのに対して、『学習指導要領一般編（試案）』は教師自身による研究を重視したものだった。教師や学校に、カリキュラムの自主編成の自由が与えられたのである。

　教師自身による研究を重視したことは、中央集権的な教育からの解放ということ以外に、子どもの生活とも関係がある。『学習指導要領一般編（試案）』は、「児童の生活から離れた指導は、結局成果を得ることはできない」（序論二）として、子どもの生活経験を重視する立場をとっている。

　　これまでわが国の学校で行われていた指導法は、ともすると単純できまりきっていて、豊かな児童の生活の動きや、その地域の自然や社会の特性や、学校の設備などが生かされていないうらみがあった。われわれは、もっといきいきした豊かな方法を地域に即し、学校に即し、児童に即して研究しなくてはならない。（序論　二）

　同書に描かれた児童に関する知見は現代の視点からすれば不十分なものだったかもしれないが、教育を行うにあたって子どもの生活を基盤に据えなければならないと明示した点は注目に値する。また重要なのは、子どもの生活経験を重視するためには教師の研究が必要だと考えられている点である。教えるべき自明のものが子どもの生と関連しているかどうかを考えるのではなく、子どもの生と密接に関連した教育課程を教師自身がつくり上げていくことが、ここでは望まれていた。学校教育が子どもの生と結びつくには教師自身の研究が必要だという観点は、現代の教育を考えるうえでも重要なものだろう。

153

第Ⅲ部　教育実践について考える

2. 民主主義の思想

　1. では，戦後教育改革は民主主義を目指していたと述べた。では，その「民主主義」とはどのようなものだろうか。「民主主義」と聞くと，一人一票の選挙制度をイメージするかもしれない。あるいは一人ひとりが主人公であるという考え方をイメージするかもしれない。しかし，民主主義はより広い意味をもっている。そしてそれは子どもの生とも結びつくものだった。

　民主主義を理想とし，子どもの生活経験を重視する戦後初期の教育思想は，第7章で見たデューイの影響を強く受けているといわれる。そこで，次にデューイの民主主義の思想を概観しておこう。もちろん，デューイの思想がそのまま戦後教育改革に反映されているわけではなく，整合性や関連性については検討の余地がある。しかしながら，戦後初期の理想を理解するためにも，デューイの民主主義の思想を確認しておくことは重要だろう。

　デューイにとって民主主義とは，単に選挙や政治のあり方の問題ではなく，生き方の問題だった。そして，「民主主義的な生き方とは，何かに従って生きることではなくて，個人が，自ら考え，自ら判断し，自ら行為する，そういう生き方であった」（淺野 2001: 18-19）。すでに存在している社会的な状況に従うのではなく，それに対して積極的に働きかけ，改変することを，デューイは求めていたのである。そのため，問題解決過程で働く思考が重視される。

　そうすると，子どもたちは何か確定的で権威的な知識を教わるだけであってはならない。自分自身で問いを発し，自分自身で調べ，協力して物事に取り組むことが求められる。子どもたちは受動的ではなく能動的に，機械的な集団ではなく有機的な集団にならなければならない。そのため，カリキュラムや教育方法も画一性を脱し，探究され続けるものでなければならなかった。

　また，そこには教師の側の計画性だけでなく，子ども同士の関係性や交流も重要になってくる。デューイはまた民主主義について，「自由で，充実した交流のある生活」であり，「自由な社会的探究が，感動的で充実したコミュニケーションの芸術と分かちがたく結ぶとき」成就するものであると述べる（デューイ 2010: 176）。探究とコミュニケーションが結びつき，共同的な

154

探究が行われることで，民主主義は成立する。単にお題目として学ぶだけではなく，具体的な探究やコミュニケーションが伴ってこそ，民主的な生活は実現されるということだろう。

　子どもの生活を基盤としながら，自由で充実したコミュニケーションをもとに，それらを制限するものを積極的に改変していけるようにすること。これがデューイの考える教育の特徴だった。こうした考え方は，戦後日本の教育改革のなかにも見出すことができる。

3. 戦後初期社会科

　デューイの思想に強く影響された，子どもの生活経験に基づくカリキュラムを体現したのが，修身・公民・地理・歴史等に代わって戦後新たに設置された社会科だった。社会科といえば，典型的な暗記科目と考える人もいるかもしれない。しかしながら戦後初期に設置された社会科は，民主主義を目指す要ともいえる科目だった。『学習指導要領社会科編（試案）』は次のような言葉ではじまる。

　　　今度新しく設けられた社会科の任務は，青少年に社会生活を理解させ，その進展に力を致す態度や能力を養成することである。そして，そのために青少年の社会的経験を，今までよりも，もっと豊かにもっと深いものに発展させて行こうとすることがたいせつなのである。（序論第一節）

　そしてこのような考え方に基づいて「青少年の直面している現実の問題を中心とし，その解決のために自発的活動をなさしめ，そしてそれを通じて指導して行くという原則」（序論第四節）が立てられた。子どもの生活を出発点とする経験主義教育を社会科は体現しようとしていたのである。

　その具体的実践のさきがけとなったのは，東京都港区の実験校に指定された桜田国民学校で1947年に始まった，「郵便ゴッコ」という取り組みである。これは当時まだ刊行されていなかった『学習指導要領』に基づいて作られた作業単元であり，郵便ゴッコをとおして，手紙の配達の仕組みを理解するだ

第Ⅲ部　教育実践について考える

けでなく，葉書を書くための言語能力や，葉書の売買のための計算能力を身につけるという授業だった。

　さらに，『学習指導要領』が刊行されると，学校や地域ごとにカリキュラムを研究する動きが盛んになり，各学校・地域・児童の特性に応じた「地域プラン」も登場した。地域プランの代表としては，川口プラン，本郷プラン，明石プラン，北条プランなどがある。川口プランは，東京教育大学の梅根悟と東京大学の海後宗臣が中心になって作成された。また，本郷プランは東京大学の大田堯が郷里広島で編成したプランである。このように，研究者と地域の教師たちとが協力して地域の教育のための計画を作り上げたのだった。

　これらのカリキュラムでは，社会科を中心としてすべての教科学習が生活と結びついて展開されている。このように，コアとなる課程を中心に据えたカリキュラムを「コア・カリキュラム」と呼ぶ。日本で実施されたコア・カリキュラムは1930年代にアメリカで行われた「ヴァージニア・プラン」に学んだものだったといわれる。戦後初期の日本で特に注目され，1948年には東京文理大学の石山脩平が梅根悟とともにコア・カリキュラム連盟を発足させるにいたった。

　石山は，従来の学校教育が分科され統合されていなかった状況を批判し，「コア・カリキュラムこそは，こうした分科主義を清算して，現実に児童生徒の生活経験を統合する中核的生活経験をいわば筋金のごとくに設定する」と述べている（石山 1949: 2-3）。戦後初期社会科はコア・カリキュラムの中核を担い，教科学習と子どもの生活とを結びつけるものだったのである。

　しかしながら，すべての実践がうまくいったわけではない。なかには，子どもを無計画に学校外に連れ出す教員もいたという。科学の系統性を軽視する傾向は「はいまわる経験主義」と批判され，学力低下の原因ともいわれた。子どもの日常生活を大事にしながら，どのようにして子どもの認識を日常生活レベル以上のものにするかという課題は，現代にも通ずるものだろう。

第8章　学校教育は子どもの生とどのようにかかわるか？

第4節　戦後の教育実践に学ぶ

1. 無着成恭——山びこ学校

　子どもの生活と学校教育とをつなげる方法は，学校の外に出かけていって課題に取り組むだけではない。教室のなかで生活をふりかえることで生活に向き合うことも，重要なことだった。その代表的な実践家が，無着成恭むちゃくせいきょう(1927-) である。そして無着が実践に取り入れたのが，生活綴方せいかつつづりかただった。

　綴方とはもともと作文教育の一種だったが，それを生活の教育と結びつけようとしたのが生活綴方である。1930 年代に東北の農村部でおこり，戦後，そして現代にも引き継がれている。生活綴方は生活をありのままに見つめて作文し，それをもとに話し合うことで，子どもたちが生活をとらえなおし，より一般的・普遍的・抽象的な認識を育て，生活の主体者になることを目指すものである。無着の実践は文集『山びこ学校』をとおして，優れた教育実践として全国に知れ渡った。

　無着が綴方に取り組んだのは，戦後初期の山村で「ほんものの教育をしたいという願い」(無着 1995: 311) からだった。社会科の教科書には学校について，「村に住む子供たちをりっぱに教育するための施設がととのえられている」と書かれているが，実際には無着の村にそんな立派な施設などない。それをそのまま教えれば嘘になる。そこで無着はこう考える。「社会科の勉強とは『りっぱに教育するための施設がととのえられて』いなければ，『ととのえるための能力をもった子供』にする学科」なのだと (無着 1995: 312)。無着は綴方をとおして生活現実を直視させ，その生活現実を批判的にとらえなおし，さらに生活をよりよくするために前向きに検討することを，子どもたちとともに行っていった。

　たとえば，農地解放について大人が話しているのを聞いた子どもが次のような内容の綴方を書いてくる。○○さんは学校に行ったが，そのせいで百姓がいやになり，田を小作人に全部貸して自分は月給取りになったため，農地解放で小作人から田を全部取られてしまった，と。するとここから無着は，

157

第Ⅲ部　教育実践について考える

子どもの生活感情にふれながら，さまざまな疑問を育て，発展させていく。

　疑問はたくさん生ずるが，たとえば，「教育を受けるとなぜ百姓するのが
いやになるのだろう」という疑問についてあれこれと議論する。やがて「百
姓は働く割合に儲からないから」という答えにたどり着くが，さらにそこか
ら「ほんとに百姓は割損なのか」という新しい疑問が生まれて算数の問題に
発展していく。子どもたちは炭や繭の値段を計算し，物価の上昇の差につい
て調べを進める。そして，米の物価上昇が鍬や鎌に比べて緩やかであるため，
百姓は割損であると結論づける。

　しかし，無着の教室はそこで学びを止めない。そうした生活から抜け出す
方法を検討する方向へと向かうのである。その結果，「農民はもっと共同の
ものを大事にして，自分だけよければよいという考えを捨てること」という
結論が出るにいたる。

　一般的に，作文は何かの結果として書かれるものであると理解されている
ことが多いだろう。しかし，ここでの綴方は「結果として書かれたものでな
く，出発点として書かれたもの」であり，「一つ一つが問題を含み，一つ一
つが教室の中で吟味されて」いくものだった（無着 1995: 313）。そして問題
の吟味は，生活の吟味へとつながっているのである。そうした教育の成果は，
卒業生代表の答辞に見られる。

　　私たちの骨の中しんまでしみこんだ言葉は「いつも力を合わせて行こう」
　　ということでした。「かげでこそこそしないで行こう」ということでした。
　　「働くことが一番すきになろう」ということでした。「なんでも何故？
　　と考えろ」ということでした。そして，「いつでも，もっといい方法は
　　ないか探せ」ということでした。（無着 1995: 300）。

　無着の実践も完璧なものだったわけではない。認識の系統的な指導に欠け
ていたことが課題として指摘されているし，無着自身もその後，系統的学習
を取り入れようとしている。また，農家の大人たちの考え方と無着の教える
民主的考え方とが対立し，問題となってもいた。しかしそれでも，仲間と力

第8章 学校教育は子どもの生とどのようにかかわるか？

を合わせ，批判的な思考を働かせ，よりよい方法を建設的に考える態度や力を身につけさせようとした無着の実践は，まさに戦後教育改革が目指した民主主義の一つの表れだった。「勝手だべ」と言って向上心なく大人たちに反抗していた子どもたちは，生き方としての民主主義に触れることができたのである。

2. 東井義雄──生活の論理・教科の論理と村を育てる学力

　子どもの生と学校教育とのかかわりを考えるにあたって重要な問いがある。それは，学力は何のために必要なのか，という問いである。この問いを学生に投げかけると，「成長するため」，「社会に出て成功するため」，「幸せな人生を送るため」といった答えが多く集まる。一見多様な答えが出ているようだが，ここには共通点がある。それは，その答えが個人に還元されるものであるということである。

　しかし，次に挙げる東井義雄 (1912-1991) は，学力をただ個人のためのものとはとらえなかった。先述の無着も学力を個人のみのものとはしていなかったが，東井においてはそれがよりはっきりと「村を育てる学力」という形で表れている。

　東井が育てようとしたのは，村の問題を自分の問題と考え，村を愛せるような主体性をもった「村を育てる学力」だった。東井によれば，戦後の子どもの目は鋭くなり，批評家たちのような鋭ささえもっている。しかし，その目は傍観者的になっている。そのような状況に対して，自分の生活の場である村の問題を，傍観者としてではなく，自分自身のこととして，愛をもって考えられるようになってほしいというのが，東井の願いだった。

　そしてそのための鍵となるのが「生活の論理」と「教科の論理」である。東井は，「各教科がそれぞれに持っているその教科の体系」を一段一段のぼっていく階段の原理を「教科の論理」と呼び，「子どもの感じ方・思い方・考え方・行ない方を，さらにその底から，背後から，横から，まわりから，縦横に支え，貫いている論理」を「生活の論理」と呼ぶ（東井 1972: 100, 270）。そして，生活の論理を基盤として教科の論理と結びつけ，普遍的な価

159

第Ⅲ部　教育実践について考える

値を子どもたちに消化させることが，東井の目指すところだった。

　東井が生活の論理の重要性に気づいたのは，四年生になっても文字を一つも知らないモリタミツという子を教えたときだった。東井はモリタにどうにか文字を覚えさせようと名前の一文字目である「モ」を教え続けるが，いっこうにうまくいかない。ところがある日モリタは突然「馬」という字を読んだ。「せんせい，あそこに書いてある字，パカパカお馬さんの，『ウマ』という字ですなーァ」（東井 1972: 98）というモリタの声は，まさに生活の論理と教科の論理を結びつけることの重要性を示している。単なる表音文字である「モ」に比べて，「馬」は，「パカパカお馬さん」として親しめる生活的な文字だった。カタカナが先で漢字は後という東井の思い込みは，まさに「教科の論理」だけに頼ったものだったのである。この件をきっかけにモリタミツは「モリタ」という文字を理解することもできた。「生活の論理」をとおして，「教科の論理」へと導くことができたのである。

　もちろん，単に生活の論理だけを重視すればよいというわけではない。生活の論理に根ざすだけでは，子どもの価値観は狭いままになってしまう。特に村の子どもの生活は，狭く，豊かさを欠いており，そのままにしてはおけないと東井は考える。各教科がそれぞれの立場で「はてな？」「おやおや」「なぜだろう」「こうかもしれないぞ」「こうしてみたらどうなるだろう」「なるほど」「でも，いつでも，どこでもそうだろうか」……といった感じ方，思い方，考え方，行い方を存分に働かせ，磨いていくことで，子どもの「生活を耕す」のである。

　村を愛するということは，村や自分たちの現状に甘んじることではない。ものごとを自分のこととして考える身構えと実践的な知恵があってこそ，村を愛し，村を育て，私たちの幸せを考えることができる。そのためには生活の論理と教科の論理の結びつきが必要不可欠だと東井は考えた。

　さらに東井は，村の人びとや父母をも巻き込んでいこうとする。それによって，村の人びとの偏狭さや，学校と村の間の溝という問題を改善しようとしたのである。戦後教育の目指した「民主主義」は，村の人びとにとっては，子どもが親に口答えし，素直に言うことを聞かなくなっていることの元凶の

第8章　学校教育は子どもの生とどのようにかかわるか？

ように見えていた。また，村のなかには自分のことしか考えられない偏狭さも蔓延していた。こうしたなか東井は，親・子・教師の文集を作ることで，子どもや村の幸せをともに考えられるような環境を築こうとした。村に蔓延した向上心のない雰囲気を打開しようとしたのである。

　生活の論理を重視する主張の背景には，1950年代後半から1960年代にかけて，経験主義教育が批判され，系統主義へと大きく転換していく日本の教育（第9章を参照）に対する東井の懸念があった。戦後初期に大きな注目を集めた経験主義教育も，活動という手段が目的化された「はいまわる経験主義」として批判され，このころには学力テストを重視するカリキュラムが注目を集めていた。そうしたなか，子どもの生活を無視し，学問的な系統性だけを押しつけても普遍的な価値にいたることはできないと東井は主張したのである。

3.　生活指導の理論と実践──仲間づくりと集団づくり

　子どもの生活と学校教育とのかかわりを考えるのであれば，生活指導運動にも触れておきたい。生活指導と聞くと，校則を守らせる指導，子どもの生活態度を改めさせる指導と考えられがちであるが，成り立ちはそうではない。戦後の生活指導運動は，生活綴方から発展した，仲間づくりの実践に基づくものだった。

　戦後，無着の『山びこ学校』をはじめとして，小西健二郎の『学級革命』や土田茂範の『村の一年生』などの生活綴方を中心とした仲間づくりや集団づくりの実践が数多く発表された。これらの実践をもとに，宮坂哲文（1918-1965）は1957年，生活綴方的生活指導を定式化している。すなわち，「1,学級のなかに，何でもいえる情緒的許容の雰囲気をつくること，2,生活を綴る営みをとおして一人一人の子どもの真実を発現させること，3,一人の問題を皆の問題にすることによる仲間意識の確立」である（春田・宮坂 1957,357）。そして生活指導は次のように定義された。

　　生活指導は，子どもたちが人間としてひとしくそなえているところの「人

161

第Ⅲ部　教育実践について考える

間らしくありたい」ということばでもっとも端的にあらわされるであろう基本的な人間的要求を，ほかならぬ現実の具体的環境と能動的にとりくみ環境をもつくりかえる努力をとおして，次第に実現せしめ，それによって健全な社会的人格を形成せしめる作用なのであって，厳しい現実にただ順応させるのが生活指導でもなければ，現実と没交渉に観念的な自己満足に安住させるのが生活指導でもない。(宮坂 1958: 25)

　ここでは人間的な要求を引きだすことが重視され，それを可能とするような情緒的許容の雰囲気を作りだすことが目指された。また，現実にただ順応するのでなく，環境を能動的につくりかえる努力を求める点は，生活綴方の実践を引き継いでいる。
　こうした生活指導運動は，文部省（当時）の特設道徳に反対する形で盛り上がりを見せた。1958 年，これまで学校の教育活動全体をとおして行われるといわれていた道徳教育の方針が転換され，「道徳の時間」が特設されると，生活指導の研究者や実践家はこれに反対し，別の形での道徳教育のあり方を探ろうとした。そのなかで宮坂を中心に設立されたのが全国生活指導研究協議会（全生研）である。全生研は，日本教職員組合（日教組）の全国研究集会に参加していた研究者や教師たちを中心に組織され，生活指導運動の推進役となった。
　しかしながら，そのなかで宮坂の定式化した生活綴方的生活指導は勢いを失っていく。そこには，教師と子どもの関係の検討が不十分であるという批判や，情緒的許容の雰囲気に先立って集団の組織化が必要なのではないかという批判があった。
　代わりに生活指導の主流となったのは，大西忠治が提唱した「班・核・討議づくり」方式の生活指導である。大西は，班や教室のなかの矛盾や対立をあえて顕在化させ，子どもたちにそれを克服させることをとおして，子どもたちが集団の力を意識し，自分のものにできるよう導こうとした。これは集団内の自己規律や集団の組織化に重点が置かれたものであり，「大衆社会状況の中で子どもたちの中に生まれてきている個人主義，自由主義意識を集団

第8章　学校教育は子どもの生とどのようにかかわるか？

主義的なものへ変革するものとして」注目された（大畑 1974: 294）。高度経済成長を背景に生活が個人主義化しているという問題意識が，生活指導に取り組む教員の間にはあったのだろう。大西の提案が基本となって，全生研は『学級集団づくり入門　第二版』(1971 年) をまとめている。

　こうした「班・核・討議づくり」に対しては，集団のなかで個々の子どもが抑圧されてしまうのではないかという批判もあった。大西自身も後に，よりゆるやかな集団観を検討している。しかし，集団を組織し，子どもたちに集団の力を教えようとしたこの方式は，少なからぬ教師たちに影響を与えた。

第5節　現代の教育を考える

　学校教育と生の関連は，現代においても重要なテーマである。ここではその一つの例として，金森俊朗 (1946-) の実践を見てみよう。

　金森実践を一言で表すなら，生の実感をとりもどそうとする「いのちの学習」ということになるだろう。生きていることの素晴らしさを実感し，生死の問題をタブーとせず率直に語り合い，自分の問題を棚上げせずきれいごとで片づけずに意見をぶつけあう。

　金森の実践の土台となっているのが，「ボディ・コミュニケーション」である。昔の子どもは鬼ごっこやおしくらまんじゅうといった遊びをとおして，人と交わる力や人との距離感を身につけていた。しかし，現代では遊びの文化にボディ・コミュニケーションがなくなってしまった。そのため，金森は率先して「S けん」を教え，子どもたちがボディ・コミュニケーションを行えるよう導いている。また，ボディ・コミュニケーションは人間とのかかわりだけにとどまらない。太陽や雨や川，土や風など，自然とのかかわりも含まれる。そこで金森は，学校近くの犀川での水遊びや，水たまりだらけの校庭での「どろんこサッカー」などを企画し，自然や仲間とのボディ・コミュニケーションを促している。

　金森がこのようなボディ・コミュニケーションを重視するのは，「子ども

163

第Ⅲ部　教育実践について考える

たちが『死』をもっとも重いものと考えていない実態こそが重大な問題」であるという認識からだった。そして、「死が重いものとしてとらえられないのは、生を輝かせていないからだ。社会が子どもたちに、輝きのない生を押しつけているからだ」（金森・村井 1996: 212-213）と金森は考える。

　　川で泳いだことのない子どもたちが、どうして水質汚染の問題を自分のこととして受け止められるだろうか。読書によって目の前にとてつもなく大きな世界が開かれたと感じたことのない子どもたちが、視覚障害者の点字文化と読書の苦闘に共感することができようか。生きているという実感を自覚することなく、漫然と毎日の時間を過去へと押し込んでいるような子どもたちが、どうして同じ年ごろの子どもの自殺をいたましいと感じることができるだろうか。（金森・村井 1996: 21-22）

　これは、東井が指摘した村の子どもたちの偏狭さの現代版だといえるだろう。戦後初期に比べれば生活状況は向上したかもしれない。しかし、体を使って楽しむことが少なくなっている。子どもたちは学びの楽しさも、生きるすばらしさも実感できていない。そのため金森は、子どもたちにさまざまな体験の機会を与えるのである。さらにその延長線上に、さまざまないのちの授業を置く。普段の授業のさまざまな要素をいのちと関連づけるのである。たとえば国語の授業では、「包」という字の成り立ちを「お母さんが子どもを大事に包んでいる姿」として説明する。授業の一場面一場面が、金森実践の底流を流れるいのちの大切さとからみあって、子どもたちに伝えられていく。そしてこうした日々の実践の上に、出産間近の妊婦や末期がん患者を教室に招いて話をしてもらうことも行っている。

　さらにこうした生とのかかわりは、いじめの問題についての議論でも一貫している。いじめが教室のなかで実際に起こっていたとき、いじめについての話し合いを開いて次のような意見が子どもたちから出てきたら、どうだろうか。「一人だけを勉強ができないといって軽蔑するのはいけないと思います」、「私もテストで悪い点をとるのに、なぜ一人だけからかうのか不思議です」、「触

第8章　学校教育は子どもの生とどのようにかかわるか？

ったら呪いがつくとか，そういうのは絶対やってはいけないと思います」。
立派な言葉であるが，金森はこうした子どもたちの発言に激怒する。それが
自分自身を見つめたものになっていないからである。直接からかったにせよ
それを看過したにせよ，自分自身がいじめに加担した事実を直視せず，きれ
いごとを言うだけのごまかしになっている。自分のことを棚上げしないこと
や，タテマエやきれいごとでごまかさずにクラスメイトに向き合うことも，
生を実感するために必要なことだと金森は考えるのだろう。

　こうした金森の実践を支えるのは，「手紙ノート」による綴方的な教育方
法である。子どもたちは日々の経験やそのなかで感じたことや考えたことを
書き，クラスメイトに向けて発表する。クラスメイトはそれに対してコメン
トをする。そのなかで子どもたちは，自分の発言が許容されることや，自分
の発言が他の子どもとつながることを学んでいくのである。上記のさまざま
な活動も，言葉によって表現され，仲間と共有されることで，深められてい
く。

　手紙ノートの実践やさまざまな体験を基礎としながら，「いのち」という
テーマで教育実践が貫かれている。この一貫性が，金森実践の魅力を生み出
している。

第6節　子どもの生に向き合うことでオルタナティヴを構想する

　本章では，子どもの生と学校教育のかかわり方の例をいくつか見てきた。
これまで見てきた実践に共通していることは何だろうか。

　一つは，現実の生に対する希望をもたせようとしていることである。学校
での生活と学校外での生活の重なりを考えながら，両方をよりよい方向へと
改善していこうとする教育者の意欲を，そこには見ることができる。

　もう一つは，既存の枠組みに対する批判的な検討と実践の一貫性である。
これらの実践はすべて，何か一つの教科・科目や一つの単元だけで子どもの
生を考えるのではなく，子どもの生という関心から教育実践全体あるいは学

165

第Ⅲ部　教育実践について考える

校教育全体を考えている。生という豊かなものを考えるのに，一つの教科・科目や一回の授業ではあまりに狭い。そこに無理やり押し込もうとすれば，それは実際の生から遊離したタテマエのようなものとなってしまうだろう。一部の修正で対応しようとするのではなく，全体を考え，一貫性のあるものにしなければならない。そして必要があれば教師一人でなく，学年全体・学校全体の態度も検討の対象となる。本章で扱った金森も，命に関する総合的な学習を職員会議で提起し，職場をあげて実践しようとしている。デューイが示したように，すでに存在している枠組みに従うのではなく，それに対して積極的に働きかけ，改変していこうとするのである。

　本章で扱った事例は，いずれも子どもの生に向き合うことで，私たちが自明視してしまっている既存の枠組みや条件を問い直している。そしてそれをもとに，教育の別のあり方（オルタナティヴ）を提示し，具体的な実践を行っている。現代の教育を考える私たちがそこから学ぶのは，単に誰が何を行ったという知識——私たちの生から切り離された知識ではないだろう。子どもの生に向き合うことでオルタナティヴを構想できるという可能性や希望も，ここから学べるのではないだろうか。

［間篠　剛留］

● **考えてみよう！**

▶ 本章で取り上げた教育実践を現代の学校で行うとしたら，どのような懸念があるだろうか。そうした懸念に対して，本章で取り上げた実践家はどのように反論するだろうか。

▶ 現代の子どもの生の現状をあなたはどのようなものとしてとらえるだろうか。そこに見られる子どもの苦しさやしんどさを学校教育自体が助長してしまっていることはないだろうか。もしそれを改めるとしたら，どのような可能性があるだろうか。

▶ 第6章「『役に立たないこと』を学ぶ意味とは何か？」の著者と本章の著者が学校教育について議論したとする。どのような議論が展開されるだろうか。

第8章　学校教育は子どもの生とどのようにかかわるか？

● 引用・参考文献

淺野博宣（2001）「生き方としての民主主義（一）―ジョン・デューイを読む」『國家學會雑誌』114（1・2）: 1-43

石山脩平（1949）「コア・カリキュラムへの必然性」『カリキュラム』（1）: 2-4

NHK「こども」プロジェクト（2003）『4年1組　命の授業―金森学級の35人』NHK出版

大畑佳司（1974）「全生研のあゆみ」全生研常任委員会編『全生研全国大会基調提案集成』明治図書出版，pp.291-300

金森俊朗（2009）『金森俊朗の子ども・授業・教師・教育論』子どもの未来社

金森俊朗・村井淳志（1996）『性の授業　死の授業』教育資料出版社

小山静子（2002）『子どもたちの近代―学校教育と家庭教育』吉川弘文社

全生研常任委員会（1971）『学級集団づくり入門（第二版）』明治図書

田中耕治編（2017）『戦後日本教育方法論史（上）―カリキュラムと授業をめぐる理論的系譜』ミネルヴァ書房

田中耕治（2005）『時代を拓いた教師たち―戦後教育実践者からのメッセージ』日本標準

デューイ著，植木豊訳（2010）『公衆とその諸問題』ハーベスト社（原著，1927年）

東井義雄（1972）『東井義雄著作集1　村を育てる学力他』明治図書

春田正治・宮坂哲文（1957）「第十分科会　生活指導」『日本の教育』第6集，pp.345-384

宮坂哲文（1958）『ホームルームの指導計画』国土社

無着成恭（1995）『山びこ学校』岩波書店

文部省編（1992）『学制百二十年史』ぎょうせい

柳治男（2005）『〈学級〉の歴史学―自明視された空間を疑う』講談社

第9章

子どもは何を学ぶのか？

───── ● 本章のねらい ● ─────

　子どもは何を学ぶのか。この問いを立てるのは大人である。そして，この問いは，社会の変化と切り離すことができない。本章では，海外の教育改革動向とも連動した戦後の日本の教育改革の変遷を学ぶ。多様な立場の人たちがその変遷にかかわってきたことを知り，それらの異なる見解を理解することを通じて，今日の学校教育や教育改革の動向を多面的・多角的に分析できるようになることが本章のねらいである。

第1節　学習指導要領と戦後

　今日，日本の公教育を担当する学校には，幼稚園，小学校，中学校，高等学校，義務教育学校，中等教育学校，特別支援学校，大学および高等専門学校がある。そして学習指導要領は，このうちの初等中等教育を担当する学校における教育課程編成上の全国的な基準として，文部科学省から告示される（幼稚園教育の場合は，幼稚園教育要領という）。教育課程とは教科や教科外の教育といった学校教育の構成を始め，教育内容，方法，評価に準拠した教育活動の全体計画のことであり，各学校は学習指導要領を基準にこれを編成する。したがって，学校教育において子どもが何を学ぶかは，基本的にこの学習指導要領に規定されているといってよい。そして，この仕組みを利用して

全国で一斉に学力テストが行われる。大学入学共通テストを象徴とする日本の学力テストは，学習指導要領に基づいて同じ時間，同じ方法で学んだ内容がどれだけ身についているかを判断するのである。

　学習指導要領は1947（昭和22）年に初めて作成されて以来，ほぼ10年ごとに改訂されてきた。これまで，改訂の変遷の特徴は経験学習と系統学習との間を揺れ動く振り子に見立てられてきた。そのきっかけになったのが最初の改訂だった。1947年の学習指導要領は児童（子ども）中心主義に基づいた経験学習を指導の方針に据えていたが，1958（昭和33）年に行われた初めての全面改訂で系統学習を用いた教科内容の伝達に変更された。そしてこれ以降，改訂ごとに方針が振り子のように経験学習と系統学習の間を揺れ動き，系統学習に振れたとき，その改訂は学力重視とみなされるようになっていった。確かにこの系統学習の知識観が学習指導要領の変遷を「教科内容」の増減から判断することを可能にし，ひいては，学力低下論争を形作ってきた。ここからは，この振り子理論から学習指導要領の変遷を通して日本の戦後から今にいたるまでの子どもの学習を見ていくことにする。

1. 経験学習：子どもの学習

　前章で見たように，戦後すぐの学校教育改革ではGHQの要請で来日したアメリカ教育使節団の共有するデューイの経験学習とそれを支える教育観に基づいて新しい教育課程が構想された。

　1947（昭和22）年，文部省（当時）はアメリカの各州が作成するコース・オブ・スタディを参照して学習指導要領を作成した。このときの学習指導要領は文部省から教育課程編成の試案として提示され，文部省は学校において教師たちがさまざまな教育実践を試みることを推奨した。その教育実践の時間として「社会科」「家庭科」「自由研究」などが登場し，戦前の教科「修身」「地理」「歴史」に取って代わった。特に社会科は，教育基本法の理念を実現する「教育活動の中核」の教科として位置づけられた。新しい社会は民主的で文化的であり，自律的精神に充ちた市民に担われる。こうした市民の育成に向けて考案された学習方法が問題解決学習である。また問題解決学習は，

第Ⅲ部　教育実践について考える

第8章で見た経験学習の考え方を学校において実現するための学習方法といえる。問題解決学習では，子どもが生活のなかで直面している問いに動機づけられて，その問いを自主的に探究し解決していくことが期待される。また子どもは，問題解決に向けた活動を通して学び合い協力し合うことで新しい社会が作られていくのを体感するのである。

　こうした教育改革の動向を受けて，全国各地で子どもの生活に根差した教育実践運動が展開されていった。それらの運動の多くは，前章でみた『山びこ学校』の取り組みと同様，大正時代の新教育運動の流れをくむものだった。大正新教育に参加していた学校は，問題解決学習のためのカリキュラム編成を目指したネットワークを作り，1948年に「コア・カリキュラム連盟」を発足させた。かれらは，各教科の単元学習を生活に即して統合する「中心課程（コア・コース）」を置いてカリキュラムを編成する生活単元学習の実現という課題を共有した。各学校はそれぞれに，社会科をコア・コースと位置づける「明石プラン」（兵庫県明石女子師範学校附属小学校）や教科外活動をコアと位置づける「吉城プラン」（奈良師範学校女子部附属小学校）など多様なカリキュラム編成を開発していった。こうした取り組みの成果は，梅根悟の『問題解決学習』(1954) に結実したといわれている。梅根悟が中心となって進めた「川口プラン」では，社会機能法（スコープシークエンス）が用いられた。社会機能法とは，生活の場である地域，すなわち，川口市における生産，流通，消費といったすべての活動を学習の題材にする方法であり，これを通じて子どもが問題解決していくことを目指した。この社会機能法の考えをもとに，三層四領域論（三層-系統課程，中心課程，日常生活課程，四領域-文化，社会，経済（自然），健康）が確立した。

　このように民主的な社会を実現する学校教育のあり方が，多くの学校，地域，研究機関によって模索される一方で，他方，社会は，経済的な高度成長期を迎えていた。そして，産業界を中心に，問題解決学習の実践があまりにも悠長で，若者たちの知識の蓄積が不十分であるとの批判が高まっていった。

2. 系統学習：学力の始まり

　1951（昭和26）年，文部省は学習指導要領を一部改訂し，「自由研究」を廃止した。さらに1958（昭和33）年の全面改訂において，「教科の系統性」をテーマに教育実践と制度に関する大きな転換を打ちだした。教育実践は経験学習から系統学習へ転換し，ここから約20年，日本の教育方針はいわゆる「知識偏重」に振れていくことになる。そしてこの全国的な系統学習への移行を可能にしたのが，制度上の学習指導要領の位置づけの転換だった。

　1958（昭和33）年の改訂の際，文部省は学習指導要領を官報による告示とした。最初の学習指導要領が試案だったのに対し，これ以降の学習指導要領は法規性をもつことになった。これ以後，学習指導要領は全国の教育課程の基準となり，学習指導要領に記載された教育内容は各学校が実践しなければならないタスクとなった。そしてこの教育内容が「教科の系統性」という観点から編成し直されることとなった。

　このときの改訂で文部省は，「教科の系統性」をテーマに，学問の成果に基づいて系統的・体系的に教科の内容を整理・配置することを重要課題と位置づけた。そして，教授・学習方法についても教科の内容に合うように転換がはかられた。それが系統学習である。系統学習とは，教科の諸知識の体系を理解する学習のことである。ただし，1958年の改訂は，系統学習の確立というよりも，学力低下をもたらした原因として経験学習を批判し，経験学習から系統学習への転換を強く印象づけるに留まった。

　この頃，経験学習に対しては，学者や民間教育研究団体からも批判が強まっていた。たとえば，「社会科」に関して勝田守一は，コア・カリキュラムが主張するような超教科としての社会科ではなく，一教科としての社会科の役割を指摘した。勝田は，子どもが日本社会の基本問題を解決するのには無理があり，その前に子どもに対して社会科の系統的な知識を教授することが重要だと主張した。この勝田の主張は，コア・カリキュラムの大きな見直しを迫るほどの影響を与えた。また，「数学」に関しても，数学者の遠山啓を中心とする数学教育協議会（以下，数教協）が「数学教育の現代化」を主張した。これは，子どもの実際の生活の場面のなかで算数の知識についても活用

171

第Ⅲ部　教育実践について考える

しつつ学ぼうとする問題解決学習への批判だった。かれらは，現代数学の成果を積極的に初等教育や中等教育に取り入れ，教科内容を再編していくことを主張した。また，それに基づいて教科単元ごとの明確なテーマを設定し，子どもがそれらのテーマについて段階を追って学ぶような指導方法の確立をめざした。

　この数教協の用いた「現代化」という言葉は，他の教科に関する研究会にも影響を与えた。文部省も，こうした動向を追って，1968（昭和43）年の改訂の時に「教育内容の現代化」というフレーズを掲げた。以後，「教育内容の現代化」は，系統学習を活用した科学技術教育を推進するフレーズとして広く用いられるようになっていった。

3.　発見学習：知的文化遺産

　1968（昭和43）年の改訂では，「教育内容の現代化」が進められた。先に述べたようにこの「現代化」は，日本の数教協が使い始めたフレーズであるが，当時，こうした「現代化」は，先進諸国にとって共通の課題だった。石井英真は，日本の現代化には，海外のカリキュラム改造の動向に依拠し，学習指導要領とともに進行したものと，民間教育研究団体が，海外のカリキュラム改造を受容しつつ学習指導要領とは別に草の根の教育課程の自主編成運動を展開したものという，二つの潮流があったことを指摘している（石井 2017: 108）。

　学習指導要領が依拠したのは，アメリカの教育心理学者，ジェローム・シーモア・ブルーナー（Jerome Seymour Bruner）の教授・学習理論だった。1957年，アメリカは当時冷戦関係にあったソビエト連邦（当時）が人工衛星スプートニクの打ち上げを成功させたことに大きな衝撃を受けた。そしてソビエト連邦と同等の科学技術を支える研究者や技術者の育成が急務とみなされた。ブルーナーは，この議題を話し合うために開催されたウッズホール会議の議長だった。ブルーナーは認知理論の観点から会議内容をまとめ，著書『教育の過程』（1960年）を発表した。そしてこの著書で提案した「発見学習」が，科学技術の振興に対応する教授・学習方法としてアメリカを中心とした資本

主義国に支持された。

　ブルーナーは，第5章で見たピアジェの発達段階論などの影響を受けながら認知理論の研究を進め，この認知理論をもとに教授理論を構築していった。ブルーナーは，「どの教科でも，知的性格をそのままにたもって，発達のどの段階のどの子どもにも効果的に教えることができる」（ブルーナー 1963: 42）という仮説を提示する。ブルーナーにとって，「教育課程編成の課題は，教えようとする問題を学習者の能力とマッチさせるか，マッチできるような問題の側面を見つけることにある」（ブルーナー 1963: 7）。ブルーナーは，教科内容をそれぞれの認知の発達段階に応じる形で翻訳し子どもに提示して繰り返し学習をさせる螺旋型カリキュラムを提案した。

　こうしたブルーナーの教授・学習論を支えるのが，知の構造という観点から整理された教育内容と発見学習という学習方法の相互関係である。ブルーナーは，このことを以下のように述べている。

> ある分野で基本的諸概念を習得するということは，ただ一般原理を把握するというだけではなく，学習と研究のための態度，推量と予測を育ててゆく態度，自分自身で問題を解決する可能性に向かう態度などを発達させることと関係があるということである。〔中略〕そのような教育を成功させるために，何をすればいいかはまだたくさんの研究を必要とするが，重要な要素は，発見をうながす興奮の感覚であるように思われる。ここで発見というのは，以前には気づかれなかった諸関係のもつ規則正しさと，諸観念の間の類似性を発見するということであり，その結果，自分の能力に自信を持つにいたるのである。（ブルーナー 1963: 25）

　ブルーナーにとって，教育の目的は知的文化遺産の継承にある。まず，ブルーナーは，知的文化遺産，つまり科学的な成果を教育内容として子どもに学習させるために，科学の各分野の基本的原理を抽出する。ブルーナーはこの基本的原理を知の構造とみなす。たとえば，子どもが天秤を使えるようになったとき，子どもには重さの序列が内面化されている。この重さの序列が

第Ⅲ部　教育実践について考える

構造である。そして，こうした教育内容の構造をもとに螺旋型カリキュラム
を編成し，最終的に子どもが，構造を用いて抽象的・論理的に思考できるよ
うになることを目指す。ブルーナーのこの螺旋型カリキュラムに基づいた教
授・学習理論の一番の特徴は，このカリキュラムと子どもの自ら探求し発見
していく過程，この二つの進行するペースが一致することにある。子どもは，
発達段階に即して学問の基本的概念を理解するよう促されるが，他方，発達
に応じた子どもの主体的な探求が，教育内容の理解を深化させる。このこと
を子どもの学習の観点から説明するとそれは，「発見学習」になる。子どもは，
文化への参加を契機に，事物に対する興味とその方向づけを得る。このとき，
子どもは，科学的な方法で科学的な発見を追体験する。発見学習は，物理学
者が物理を扱うように物理を学ぶのに等しい。そして，物理学者の学究は，
自然のもつ秩序への確信とその秩序は発見できるという確信とに支えられて
いる。

　しかし，この発見学習は，その実践が始まってすぐに運用の難しさが指摘
された。それは，学び手が課題を導き出すことの難しさから来る。学び手で
ある子どもが，かれらにとって当たり前となっている事柄をこれまでになさ
れた発見として受け止めるためには，教師からの十分な働きかけが必要とな
る。ところが，多くの場合，教師はそれができないままに計画に沿って授業
を進行せざるをえない。その結果，発見の過程から取り残される者が出てく
ることになる。この教育実践において現れた課題は，1960年代，70年代の
社会状況と結びついて深刻化していった。

第2節　学力と産業化社会

1. 加速する学校化社会

　ブルーナーの『教育の過程』が出版されてから10年ほど後，イバン・イ
リイチが『脱学校の社会』（1971年）を発表した。第3章で見たようにイリイ
チは，学校を活用して主体的に学ぶはずの人びとが，実際には学校という制

第9章　子どもは何を学ぶのか？

度に依存・従属していく様子を描いた。そして学校と同じように制度化されていく社会そのものを批判した。イリイチが指摘したこの社会の学校化は，産業化の加速によってますます避けられないものとなっていった。なぜなら，この新しい産業化社会はこれまでの社会とは異なり，学校を経由しなければ職を手に入れることのできない子どもを飛躍的に増大させたからである。学校は大人になるまでに得る多様な経験のなかの一つから，子どもが就職するために必ず修了しなければならない学習の総体へとその役割を変えていった。

　こうした学校と就職の接続にかかわる変化は日本でも同様に起こった。日本の場合，それはさらに，日本独自の雇用制度の特徴と結びついて学歴社会を生みだした。日本の雇用制度は，定年までの終身雇用，年功序列，会社による福利厚生の保障といった特徴に支えられていた。そしてそれらすべてが学校の卒業と同時に訪れるたった一度の就職のチャンスに賭けられる。1976年に高校進学率が90％を超え，高校全入時代を迎えて，高校に通うことが準義務化していく一方で，「落ちこぼれ」が社会問題化していった。

　このような状況にあって教師たちは，子どもが「わかる」ことから取り残され「落ちこぼれ」ていく要因を排除しようとさまざまな取り組みを進めていった。たとえば全国到達度評価研究会は到達度評価運動を展開した。かれらはこれまでの相対評価を批判し，到達度評価に基づいて「目標に準拠した」学力を児童生徒たちに保障することを主張した。また，教育実践においても板倉聖宣の「楽しい授業・学校」実践運動などが展開された。板倉にとって「わかる」ことは「楽しいこと」であり，したがって子どもは能動的に学習する。「わかる」ことが楽しければ落ちこぼれる子どもはいないはずである。板倉はこうした観点に立って，子どもが共同で実験し発見の喜びを共有する「仮説実験授業」を開発した。しかし，この取り組みが次第に学校での学習に興味をもてなくなっている子どもへの対応という側面を強めていくにつれて，子どもがとにかく「楽しい」と感じることにねらいが移行したこと，そしてその結果，楽しい授業で想定される「楽しさ」が，知識を得ること自体の楽しさから娯楽的な楽しさへスライドしていったことが指摘されている（松下　2003: 153，2002）。

175

第Ⅲ部　教育実践について考える

2.「ゆとり」の始まり

　1970年代，学校内での取り組みと並行して文部省も学習指導要領の大幅
な見直しに乗りだした。1971（昭和46）年の中央教育審議会の答申（通称四六
答申）「今後における学校教育の総合的な拡充整備のための基本的施策につ
いて」では，徳育の充実，基礎基本の重視と並んで，後期中等教育の多様化
や学習内容の見直しを次の学習指導要領改訂の柱に挙げている。この答申の
掲げた教育の多様化や個性化は1980年代の臨時教育審議会による教育改
革のアイデアを先取りしたものであり，臨時教育審議会から本格的になる「学
習」を中心に据えた教育への転換はここから始まったといわれている。ただ
し，この答申では多様性と同時に「教育の機会均等の徹底」によって子ども
が「主体的な人間として充実した生き方」を獲得することにも言及している。
　1977（昭和52）年の学習指導要領改訂では，四六答申を踏まえ「ゆとりと
充実」という標語のもと，戦後初めて教科内容の削減が行われた。文部省は
これまでの学校教育が知識偏重だったと言明し，各学校の自由裁量時間とし
て「ゆとりの時間」を設定した。ここから「ゆとり」が学習指導要領の方針
となっていく。
　文部省はさらに，高大接続システムである大学の入学試験の改革も進めて
いった。文部省は国公立大学の入学志望者を対象とした大学共通第一次学力
試験（共通一次）制度を作り，大学入試の過熱を抑えようとした。当時，各
大学が作る入学試験問題が奇問・難問など重箱の隅をつつくような問題とな
っていること，それに対応するために生徒たちが過剰な学習を強いられてい
ることが指摘されていた。そこで文部省は，文部省自らが学習指導要領の内
容から問題を作成し，それを全国の国公立大学が利用する仕組みを作ること
で，この問題を解決しようとしたのである。しかしながら共通一次は，過熱
する大学入試熱を抑えることはできず，それどころか受験競争はますます過
熱していった。そこで，共通一次試験は，1979年から1989年までの11年
間で終止符が打たれ，大学入試センター試験に移行した。
　こうした状況のなかで，児童生徒のなかに病気や経済的理由によらずに学
校を長期にわたって欠席する者たちが出てきた。この現象が顕著になった

第9章　子どもは何を学ぶのか？

1980年代はこの長期欠席者の態度を登校拒否と呼び，これをその子どもの個別的な問題とみなした。しかし，長期欠席という現象が常態化するなかで，その原因として学校と就職の接続の問題を始め社会的な要因や背景が指摘されるようになっていった。そこで1990年代以降は，子どもの意志や選択を強調せず，「登校しないあるいはできない」状態を「不登校」と呼ぶようになった。近年も年間30日以上欠席する児童生徒数は小中学校の総数の1.9%を推移していて，そのうちの約65%は不登校の状態にある（文科省 2017）。

　このように産業化社会における学校と就職の接続のあり方が，多くの問題を噴出させた。しかしそうした問題は，当時の社会の中心的な課題とはならなかった。なぜなら，学校教育が当時の日本経済の好景気を支える根拠とみなされたからである。そしてその一役を買ったのがTIMSS（国際数学・理科教育動向調査）の結果だった。TIMSSはIEA（国際教育到達度評価学会）が主催する国際学力調査で，1964年から調査を開始し現在も続いている。TIMSSでは，参加国・地域の小学校4年生と中学校2年生相当を対象に数学と理科の学習到達度を調査する。日本はこのTIMSSに初回から参加し，その年は参加国20か国中第2位，1983年には日本が中学校理科で第1位（参加国20か国）となった。この1983年の結果が当時の日本経済の発展の根拠として用いられたのである。そして日本は1985年のプラザ合意を契機にバブル景気に突入していった。

第3節　生きる力とポスト産業化社会

1. 変化の激しい社会

　1970年代から80年代にかけて，学校も社会も産業化に対応すべく試行錯誤を続けていたが，その背後ではすでに「ポスト産業化社会」に向けた制度改革が検討され始めていた。そしてそれは，産業化社会における学校と就職の接続を柱にしたライフスタイルを根本的に変える改革だった。

　ポスト産業化社会は，「知識基盤社会」である。新しい社会では，次々と

177

第Ⅲ部　教育実践について考える

刷新されていく知識・情報・技術が社会での活動の基盤として飛躍的に重要性を増す。こうした「知識基盤社会」に対応するための教育制度改革は，1970年代にはすでに欧米各国に共通の課題となっていた。1965年にポール・ラングラン（Paul Lengrand）が「生涯教育」（Life-long-education）制度を提唱し，これを受けて1973年，OECDの教育研究・革新センター（CERI）がレポート「リカレント教育」（recurrent education）を発表した。リカレント教育とは，青年期に学校教育を卒業し就職した後も，定期的に学校に戻って新しい知識や技能を習得する戦略的な構想である。教育を受ける期間と仕事をする期間を繰り返すことで，人びとは知識・情報・技術の刷新に対応したワークライフを生涯にわたって送れるようになる。さらに生涯教育は1980年代，学習者の学び続ける姿勢に力点を置いた「生涯学習」（life-long learning）となり，これを制度として支えることが目指されるようになった。

　日本はこのポスト産業化社会に向けた制度改革を新自由主義の立場から進めていった。新自由主義は，自由な競争の機会を保障することが国家の最も重要な役割であるとする考え方である。特に知識基盤社会では，グローバル化が進みさまざまな場所で自由な交流と競争が生まれる。それらの競争を制度で統制するのは非効率である。新自由主義は，規制緩和の名のもとに農業，公的サービスなどを含めたすべての領域をこの知識基盤型の市場モデルに合わせて改革していった。それは教育の分野でも同様だった。

　1984（昭和59）年，当時の中曽根康弘首相は内閣直属の諮問機関として「臨時教育審議会」（以下，臨教審）を設置し，「教育の自由化」を旗印とした学校教育改革に乗りだした。この臨教審が同じように教育の多様化を掲げた四六答申と違う点は，臨教審が競争を強調した点にあった。ここには，教えることと学ぶことの関係の明らかな変化がみられる。四六答申の場合，教育の課題は「教育の機会均等」によって子どもを「主体的人間」に育てることだったのが，臨教審では自らの興味・関心から行動することが主体的であるとされ，教育はその活動の一つに位置づけられた。また新自由主義のもとでこの活動が，学校間の競争とそれによる学校教育の底上げをもたらすとされた。臨教審は，通学区域の弾力化などを通して，学校選択の機会を拡大すること

178

を奨励し，学校間を競争させることを提言した。また学習の場についても学校だけでなく多様な場を選択肢として確保できるよう変更を促し，その政策として学校での授業時間の短縮や生涯学習を提案した。学校教育はもはや，産業化社会のときのような子どもの学習の総体とはみなされない。学校は子どもの自己教育力の育成の場に位置づけ直される。これからの子どもにとって学校に通う青年期までは，かれら自身の興味・関心からかれらのライフスタイルを確立していくための準備期間である。こうして教育は，学び手の興味・関心を起点とした実践として描き直されていくことになったのである。

2. 生きる力：新しい学力観

1989（平成元）年に告示された学習指導要領は臨教審の答申を踏まえて改訂された。このとき文部省は「知識偏重の学力観を改め，自ら学ぶ意欲と思考力，判断力，表現力を重視する」ことを宣言した。これが，1991年の小学校，中学校の指導要録改訂を経て確立した，新しい社会に向けた新しい学力観（新学力観）である。そして，子どもが自ら学ぶ関心・意欲・態度を評価の最上位に位置づけた。子どもが興味・関心をもって積極的に学習に取り組むことが，子ども自身の自己教育力を育てる。その実践として小学校に「生活科」が新設され，子どもそれぞれの個性尊重の観点から習熟の程度に応じた指導が導入された。そして1996（平成8）年，中央教育審議会答申「21世紀を展望した我が国の教育の在り方について」において，この新しい学力観に「生きる力」という名がつけられた。

1998（平成10）年の改訂では，1996年の答申を受けて「ゆとりの中で生きる力を」がテーマとなった。生きる力は，「変化の激しい社会の中で自ら課題を見つけ，自ら学び，自ら考え主体的に判断し，行動し，よりよく問題を解決する資質や能力」と定義された。この「生きる力」を育むために，完全学校週5日制と総合的な学習の時間が新設され，教科内容の3割削減と教科の授業時間の2割減が決まった。そしてよく知られるように，この教科時間と内容の削減という発表が，「学力低下論争」を過熱させた。当初，マスコミを中心とした学力低下論に対して文科省は，学力低下を示すデータがない

第Ⅲ部　教育実践について考える

ことを盾に学習指導要領の見直しに明確には応じなかった。しかしながら，2003年のOECD（経済協力開発機構）のPISA（Programme for International Student Assessment：国際的な生徒の学習到達度調査）で日本の読解力が15位（2000年は8位）だったことが2004年に発表され，これが日本の学力低下の決定的な証拠として取り上げられると，ここにいたって文科省もついに学力低下を認めざるをえなくなった。

　このことを契機に日本の教育政策にはまた学力重視への揺り戻しが起こったといわれてきた。しかし実はこのとき，文科省はこれまで「学力」を測ってきた「知識」を生きる力の構成要素の一つに加えはしたが，「生きる力」の育成という方針は変えなかった。現在「生きる力」はPISA型学力の先取りであったとされ，「生きる力」は学校教育の方針であり続けている。

3.　PISA型学力から21世紀型学力へ

　では，この「生きる力」が先取りしていたという「PISA型学力」とはどのようなものなのだろうか。

　OECDのPISAは2000年から始まったOECD加盟国を中心とした国や地域が参加する学力テストである。PISAは，義務教育修了段階に相当する15歳を対象に，かれらが社会参加に不可欠な知識や技能をどれだけ習得したかを測定することをねらいとする。PISAは知識や技能を社会参加と結びつけてとらえ，それを読解力（リテラシー），数学的リテラシー，科学的リテラシーと呼ぶ。このリテラシーに関してOECDはPISAを開始するに先立って，DeSeCo（Defining and Selecting Key Competencies）プロジェクトを発足させ，今後若者が身につけるべき能力として「キー・コンピテンシー」（Key Competencies）を提示している。コンピテンシーは，①自律的に活動する力，②道具を相互作用的に用いる力，③異質な集団で交流する力として定義されている。コンピテンシーは状況への対応能力である。状況は，環境であったり，人びとであったりさまざまな要因によって変化する。PISAのリテラシーは，②の道具を相互作用的に用いる力に対応する。PISAの読解力や数学的リテラシーは，社会・文化的，技術的なツールである言語や数学的なスキ

180

ルを効果的に活用する力である。また，科学的リテラシーは，情報や他人の意見の根拠を社会・文化的な文脈などに考慮して批判的に考え，自分の意見を形づくっていく力である。こうした力をもつことで，人びとは自分の選択に責任をもって行動することができるようになる。

PISAの新しさは，系統学習の知識を測るこれまでの学習到達度調査とは異なり，能力を直接的に測ることを目標としている点にある。それ

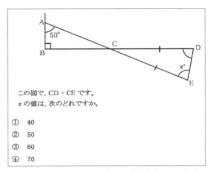

資料9.1　TIMSS（2007）数学問題例
―中学校2年―

(出所) 国立教育政策研究所（「国際数学・理科教育動向調査の2007年調査（TIMSS2007）調査問題例」）p.5

は問題にも表れている。**資料9.1**のTIMSSの問題は，2007年に中学校2年生対象の数学で出題された問題である。対して**資料9.2**のPISAの問題は，2012年の調査の際に数学的リテラシーを測るために出題された問題である。比較してみるとわかるようにPISAでは，その問いが発せられる状況の説明がまずなされている。この状況において生徒は，環境への配慮という観点か

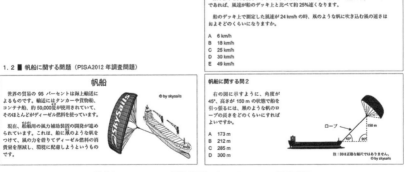

資料9.2　PISA「数学的リテラシー」問題例

(出所) 国立教育政策研究所（2013）「OECD生徒の学習到達度調査～PISA調査問題例」p.3

第Ⅲ部　教育実践について考える

ら動機づけられる。そして，生徒は，エネルギー効率を測るための道具として数学的知識を活用して，この問題を解決する。このように PISA では，問題を解決する能力が知識の活用具合を通して測定される。

　2007（平成 19）年，日本では約 50 年ぶりに全国学力・学習状況調査が再開された。調査問題は，従来型の知識の獲得具合を問う A 問題と新しい PISA 型の知識の活用具合を問う B 問題で構成された。また，2006（平成 18）年の教育基本法改正を受けた 2007 年の学校教育法改正では，学校教育の目標として PISA 型学力の言い換えである知識および技能の「活用」とそのための「思考力・判断力・表現力」を育むことが明記された。そしてついに中央教育審議会も，2008（平成 20）年の答申において「生きる力」が PISA のコンピテンシーを先取りした概念であると明言し，「生きる力」を教育方針としてきたこの四半世紀の政策を継続していくことを宣言した。

　2008（平成 20）年の学習指導要領改訂では，「生きる力」をゆとりでも詰め込みでもない新しい 21 世紀の学力と説明し，改めて「生きる力」を方針に打ちだした。そして「生きる力」と「PISA 型学力」との関連をこれまで日本の教育実践に合わせて説明し直して，これを「21 世紀型学力」と名づけた。近年，コンピテンシーに基づく教育改革は世界的潮流となり，たとえばアメリカでは世界的 ICT 企業も加わって「21 世紀型スキル」の研究が進められている。文科省の国立教育政策研究所は，世界の研究を参照しつつ，日本の強みとして人間関係を大切にしながら共同で課題を解決する態度を挙げ，これをコンピテンシーに加えて，日本の「21 世紀型学力」の概念とした。そしてこの「21 世紀型学力」の修得に向けて，アクティブラーニングの導入が目指されることになった。アクティブラーニングはもともと大学での導入が進められてきた学習方法だった。それは児童生徒学生が能動的に学ぶための方法で，特に教室内でのグループ・ディスカッション，ディベート，グループワークなどを通じて，協働して問題解決の方途を探ることをねらいとする。そのため教える側の課題は，積極的にこうした機会を作り，児童らが問題解決をしようとするのを支援することにある。この取り組みを受けて高大接続システムである大学入試制度も大きく変わろうとしている。

182

第4節　そして子どもは何を学ぶのか？

　こうして「生きる力」を育むことが学習指導要領の方針となって以来，変化する社会に対応する能力を習得することが子どもの学習内容の基準となってきた。では社会はどのように変化するのだろうか。その変化に私たちはどのようにかかわっているのだろうか。最後にこの点を教育の公共性をめぐる近年の議論を通して検討してみることにしたい（併せて第2章のアレントの議論も参照）。

　教育の公共性をめぐる近年の議論では，自己利益を超えて自由に意見交換する公共的空間として教育の場をとらえる。ここでは，教育を画一的な規制のもとに置くのも，市場の競争に委ねるのも拒否し，市民が自分たちの子どもの教育を自分たちで運営していく方途が検討されている。そこで改めて注目されているのが，ジョン・デューイの教育 – 社会論である。デューイの想定する社会は文化的経験，労働経験，コミュニケーションによる社会的経験で構成されている。そのため，人びとは単に政治に統治される存在でも市場に翻弄される存在でもない。このデューイの教育 – 社会論を援用する形で，教育の公共性論は，社会の共同事業としての教育を自主的に運営していく存在として市民を提示する。しかし，デューイの教育 – 社会観からすれば市民は国家に代わって教育を運営する存在とはならない。国家を構成するのもまた市民である。そのため市民を国家に代わる教育制度運営の原理とすることは誤りといえる（宮寺 2014: 103）。むしろ教育の公共性によって描かれる市民の活動は，市民の要求が特定の階層の利益に集約されることがないように多様な存在に社会をつねに開いていくための原理となる。

　こうした観点からオランダの教育哲学者であるガート・ビースタ（Gert J. J. Biesta）は，民主主義の学習としてのシティズンシップ教育を提案する。ビースタは国の教育政策が市民と対置される，もしくは国が市民を統制するものとして描かれるような社会と民主主義社会とを区別する。今日の民主主義社会は複数性や差異に開かれていることを前提とする。そのなかで人びとは

第Ⅲ部　教育実践について考える

機能的で安定した社会の仕組みを「平等という考えに言及しながらかく乱」（ビースタ 2014: 194）していく存在である。ビースタは，デューイのいう「問題状況」を「自由」やその「平等」に向けた規範の観点から説明し直していく。すると人びとの「経験」は複数性や差異との出会いをきっかけに「自由を拡大させる平等の在り方」を検討し変更を加えていくこととなり，その連続性を保つのが社会だということになる。そしてこの機会に備えることが民主主義を学習することだとするならば，民主主義の学習は生涯にわたることになる。ここに 1970 年代に労働との関係から構想された生涯学習も，労働も含め民主的な生き方を学ぶ構想としてとらえ直される。実際，私たちはグローバル化に伴う人びとの移動を通じて，多様な生き方と出会うようになってきた。そのなかには労働にとって効率的な学習よりも他の活動が優先されるような生き方との出会いもある。現在，こうした出会いが，自分たちの生活を意味づけてきた宗教観・文化観の問い直しを促している。社会のなかで複数性や差異をきっかけにして問い直される領域が拡大すると，子どもを含めてそこで生活する私たちの学ぶ領域が拡大していく。子どもが何を学ぶのかという問いは，人が何を学び続けるのかという問いであり，その問いかけが私たちと社会との関係を作っていくのである。

［矢田　訓子］

● **考えてみよう！**

▶ 生活単元学習や仮説実験授業のほかにも，デューイやブルーナーの教授・学習理論を参考にして生まれた授業実践がある。どのようなものがあるか調べてみよう。

▶ グローバル化をきっかけに学習の課題として注目されることになる事柄にはどのようなものが考えられるだろうか。自分たちの経験を踏まえて，話し合ってみよう。

● 引用・参考文献

石井英真（2017）「第4章 『科学と教育の結合』論と系統学習論─反知性主義への挑戦と知育の追求」田中耕治編著『戦後日本教育方法論史（上）─カリキュラムと授業をめぐる理論的系譜』ミネルヴァ書房，pp.107-126

板倉聖宣（1995）『教育の未来に向けて─授業をたのしくすれば学校は変わる』仮説社

国立教育政策研究所（2013）「OECD生徒の学習到達度調査〜PISA調査問題例」
http://www.nier.go.jp/kokusai/pisa/pdf/pisa2012_examples.pdf（2017年3月31日最終閲覧）

国立教育政策研究所（2008）「国際数学・理科教育動向調査の2007年調査（TIMSS2007）調査問題例」
http://www.nier.go.jp/timss/2007/math_sci_item.pdf（2017年3月31日最終閲覧）

木村元（2015）『学校の戦後史』岩波書店

デューイ著，松野安男訳（1975）『民主主義と教育』（上）（下）岩波書店（原著，1916年）

ビースタ著，上野正道・藤井佳世・中村（新井）清二訳（2014）『民主主義を学習する─教育・生涯学習・シティズンシップ』勁草書房（原著，2011年）

ブルーナー著，鈴木祥蔵・佐藤三郎訳（1963）『教育の過程』岩波書店（原著，1960年）

ブルーナー著，岡本夏木・仲渡一美・吉村啓子訳（2011）『意味の復権（新装版）─フォークサイコロジーに向けて』ミネルヴァ書房（原著，1990年）

古屋晃太（2016）「第13章 教育哲学で考察する『子ども主体の授業』」教師のための教育学シリーズ編集委員会監修，平野朝久編『教職総論─教師のための教育理論』学文社，pp.172-188

松下良平（2002）『教育思想双書2 知ることの力─心情主義の道徳教育を超えて』勁草書房

松下良平（2003）「第5章 楽しい授業・学校論の系譜学─子ども中心主義的教育理念のアイロニー」森田尚人・森田伸子・今井康雄編『教育と政治─戦後教育史を読みなおす』勁草書房，pp.142-166

宮寺晃夫（2014）『教育の正義論─平等・公共性・統合』勁草書房

文部科学省（2017）「平成27年度『児童生徒の問題行動等生徒指導上の諸問題に関する調査』（確定値）について」2017（平成29）年2月28日
http://www.mext.go.jp/b_menu/houdou/29/02/__icsFiles/afieldfile/2017/02/28/1382696_001_1.pdf（2017年3月17日最終閲覧）

第Ⅲ部　教育実践について考える

● COLUMN ●

▶ ケアと教育の問い直し

　「ケア」は，介護，世話，手入れ，注意，気がかり，関心事，気遣う，気にする，～したがる，といった意味をもつ多義的な言葉であるが，1980年代以降，倫理学や教育学において特別な意味をもつようになってきた。

　ケアの倫理は，キャロル・ギリガン (Carol Gilligan) によるローレンス・コールバーグ (Lawrence Kohlberg, 1927-1987) 批判に端を発している。コールバーグの道徳性発達段階に基づくと，一般に女性は男性よりも道徳的成熟度が低いという調査結果が出てしまう。しかしそれは，コールバーグの枠組みが男性的な道徳意識の発達を前提としているからであり，女性にはそぐわないのだとギリガンは考える。ギリガンは，普遍的原理に基づく正義の倫理に対して，具体的な人間としてのつながりや責任，応答を重視するケアの倫理を提示した。このことは従来の倫理学を問い直す契機ともなった。

　教育哲学の分野でギリガンの研究をさらに展開したのがネル・ノディングズ (Nel Noddings) である。ノディングズはギリガンとは異なり，ケアを個人が備える徳としてではなく，関係性概念としてとらえる。それは，ケアされる者の役割や，両者の立場の入れ替わりの可能性に光を当てるためだった。ノディングズは，両者の間の受容的・応答的な相互関係を重視する。このようなケアの観点からすると，教える者が知識を教えられる者に伝達するという極めて簡潔な構図で語られがちだった教育的関係は，再検討を迫られることになる。

　ケア概念による学校教育の再構想としては，ジェーン・ローランド・マーティン (Jane Roland Martin) の『スクールホーム』が挙げられる。マーティンは教育的営みにおける家庭の役割の軽視，そして現代の家庭における家庭生活の大幅な欠如を問題視する。そこでマーティンは，従来の学校では軽視されていた3つのC（ケア，関心，結びつき）や家庭的事柄が正当な位置を占めるような形で，学校をホームとして再構成し，スクールホームへと変貌させることを望む。

　このようにケアは，教育の諸問題を再検討する重要な鍵概念となっている。

［間篠　剛留］

参考文献

ギリガン著，岩男寿美子監訳 (1986)『もうひとつの声』川島書店（原著，1982年）

マーティン著，生田久美子監訳 (2007)『スクールホーム』東京大学出版会（原著，1992年）

ノディングズ著，立山善康ほか訳 (1997)『ケアリング』晃洋書房（原著，1984年）

ノディングズ著，佐藤学監訳 (2007)『学校におけるケアの挑戦』ゆみる出版（原著，1992年）

登場人物 (教育思想家・実践家) および事項に関する一覧年表

1. 海外

前近代の思想と学びの場	・プラトン (Plato, 428?-327? B.C.)：『国家』(380 B.C.?)。「洞窟の比喩」。アカデメイア。 ・イソクラテス (Isocrates, 436-338 B.C.)：修辞学校。 ・キケロ (Cicero, 106-43 B.C.)：『弁論家について』(55 B.C.)。 ・中世大学の成立 (1088?, イタリア・ボローニャ)。
17世紀〜初期近代の教育思想	・コメニウス (Johannes Amos Comenius, 1592-1670)：『**大教授学**』(1657), 『**世界図絵**』(1658)。近代教育学の祖。 ・名誉革命 (1688-1689, イギリス)。 ・ロック (John Locke, 1632-1704)：『**教育に関する考察**』(1693), 『貧民子弟のための労働学校案』『人間知性論』。「**白紙**」(**tabula rasa：タブラ・ラサ**) 説。
18世紀〜19世紀初め 近代教育思想の出発, 子ども論と教授法	・ルソー (Jean-Jacques Rousseau, 1712-1778)：『エミール』(1762) ・ペスタロッチ (Johann Heinrich Pestalozzi, 1746-1827)：「民衆教育の父」。直観教授。 ・フレーベル (Friedrich Wilhelm August Fröbel, 1782-1852)：幼稚園の創始者。 ・フリードリヒ2世 (Friedrich II, 1712-1786) 下で一般地方学事通則 (1763, プロイセン)。 ・独立宣言 (1776, アメリカ)。 ・フランス革命, 人権宣言 (1789, フランス)。フランス革命憲法 (1791, フランス)。 ・コンドルセ (Marie Jean Antoine Nicolas de Caritat, marquis de Condorcet, 1743-1794)：公教育制度に関する論考 (1791) を発表。「**公教育の全般的組織に関する報告および法案**」(1792) 提出。 ・ルペルティエ (Louis-Michel Lepeletier, marquis de Saint-Fargeau, 1760-1793)：公教育制度案 (1793)。 ・カント (Immanuel Kant, 1724-1804)：「**啓蒙とは何か**」(1784), 『**教育学**』(1803)。 ・ヘルバルト (Johann Friedrich Herbart, 1776-1841)：『**一般教育学**』(1806)。教育的タクト, 四段階教授法。
19世紀初め 〜 産業革命の影響, 教場の成立	・オーエン (Robert Owen, 1771-1858)：児童労働の制限。幼児・児童のための学校開設。 ・マン (Horace Mann, 1796-1859)：マサチューセッツ州で1837年から教育長。コモン・スクール設置に尽力。 ・南北戦争 (1861-1865, アメリカ)。 ・ベル (Andrew Bell, 1753-1832) とランカスター (Joseph Lancaster, 1778-1838)：「モニトリアル・システム」(monitorial system：助教法)。

187

	・ウィルダースピン (Samuel Wilderspin, 1791-1886) や**ストウ** (David Stow, 1793-1864)：「ギャラリー方式」。 ・イギリス，義務教育の整備 (1870，1876，1880)。 ・フランス，初等教育の無償化 (1881)，中立化・義務化 (1882)。
19世紀〜 近代大学の 誕生	・近代大学の成立 (1820，ドイツ・ベルリン)。 ・「**イェール報告**」(1828，アメリカ)。 ・「**モリル法**」(1862，アメリカ)。
19世紀後半 〜20世紀 新教育運動， 発達論の展 開	・ツィラー (Tuiskon Ziller, 1817-1882)，**ライン** (Wilhelm Rein, 1847-1929)：ヘルバルト派，五段階教授法。 ・**デュルケム** (Émile Durkheim, 1858-1917)：『**道徳教育論**』(1902以降の講義録)。自律と他律の関係。 ・レディ (Cecil Reddie, 1858-1932)：アボッツホルムの学校。 ・リーツ (Hermann Lietz, 1868-1919)：ドイツ田園教育舎。 ・ドモラン (Joseph E. Demolins, 1852-1907)：ロッシュの学校。 ・ケルシェンシュタイナー (Georg M. A. Kerschensteiner, 1854-1932)：労作学校。 ・**デューイ** (John Dewey, 1859-1952)：『**学校と社会**』(1899)，『**民主主義と教育**』(1916)。 ・モンテッソーリ (Maria Montessori, 1870-1952)：「**子どもの家**」。 ・ドクロリー (Jean-Ovide Decroly, 1871-1932)：「生活による生活のための学校」。 ・ニイル (Alexander Sutherland Neil, 1883-1973)：「**サマーヒル・スクール**」。 ・パーカースト (Helen Parkhurst, 1887-1973)：**ドルトン・プラン**。 ・ウォシュバーン (Carleton Wolsey Washburne, 1889-1968)：**ウィネトカ・プラン**。 ・フレネ (Celestin Freinet, 1896-1966)：「自由テクスト」の実践。 ・ピアジェ (Jean Piaget, 1896-1980)：発達論。 ・ヴィゴツキー (Les Semenovich Vygotsky, 1896-1934)：**発達の最近接領域**。 ・第一次世界大戦 (1914-1918)。 ・ロシア革命 (1917)。ソビエト社会主義共和国連邦成立 (1922)。
20世紀中葉 第二次大戦 後，高等教 育の民主化	・第二次世界大戦 (1939-1945)。 ・『**自由社会のための一般教育**』(1945，ハーバード大学)。 ・**ホルクハイマー** (Max Horkheimer, 1895-1973) と**アドルノ** (Theodor Wiesengrund Adorno, 1903-1969)：『啓蒙の弁証法』(1947) で近代の理性主義を批判。
1950年代 教育の現代 化等	・スプートニク・ショック：1957年に旧ソ連の人工衛星スプートニク打ち上げ。のち，アメリカは科学技術向上に向けた教育に重点。 ・ブルーナー (Jerome Seymour Bruner, 1915-)：『**教育の過程**』(1960)。ウッズホール会議で議長。教科の構造を重視。

登場人物（教育思想家・実践家）および事項に関する一覧年表

	・アレント（Hannah Arendt, 1906-1975）：『**人間の条件**』（1958）。 ・コールバーグ（Lawrence Kohlberg, 1927-1987）：道徳性の発達段階説。
1960年代〜 1970年代 近代教育の 問い直し	・アリエス（Philippe Ariès, 1914-1984）：『**〈子供〉の誕生**』（1960）。 ・ハーバーマス（Jürgen Habermas, 1929-）：『**公共性の構造転換**』（1962）。 ・ブルデュー（Pierre Bourdieu, 1930-2002）とパスロン：『**再生産**』（1970）。 ・フレイレ（Paulo Freire, 1921-1997）：『**被抑圧者の教育学**』（1970）。 ・イリイチ（Ivan Illich, 1926-2002）：『**脱学校の社会**』（1971）。 ・フーコー（Michel Foucault, 1926-1984）：『**監獄の誕生―監視と処罰**』（1975）。ベンサム（Jeremy Bentham, 1748-1832）が考案した監獄のモデル＝パノプティコンに注目。**規律型権力**。
1980年代〜 近代教育の 問い直しと 新たな教育 観の提示	・ギリガン（Carol Gilligan）：フェミニズムの倫理学者。コールバーグ批判。 ・ノディングズ（Nel Noddings）：『**ケアリング**』（1984）。**ケアの倫理**。 ・ソビエト連邦崩壊（1991）。のち，教育学も冷戦構造の影響から解放。 ・レイヴ（Jean Lave）とウェンガー（Etienne Wenger）：『**状況に埋め込まれた学習**』（1991）。「**正統的周辺参加**」の提唱。 ・マーティン（Jane Roland Martin）：『**スクールホーム**』（1992），3C's（Care, Concern, Connection）。

登場人物（教育思想家・実践家）および事項に関する一覧年表

2. 日本

（近世）	江戸時代：「**手習塾**」（＝寺子屋）での教育。
（近代） 19世紀後半 ～ 公教育の成立	1872（明治5）年：「**学制**」（→国民皆学）。 1886（明治19）年：「帝国大学令」「師範学校令」「小学校令」「中学校令」＝「学校令」と総称。 1889（明治22）年：大日本帝国憲法発布。 1890（明治23）年：「**教育ニ関スル勅語**」（→「天壌無窮ノ皇運ヲ扶翼スヘシ」）。 1900（明治33）年：「第三次小学校令」（→義務教育年限4年，授業料の徴収廃止（義務教育の無償化））。 1903（明治36）年：国定教科書制度（→翌年から導入）。 1907（明治40）年：義務教育を尋常小学校4年間から6年間に延長決定。
20世紀初頭 ～ 大正自由教育	1910～1920年代：新教育運動＝**大正自由教育**（**大正新教育**）の興隆。 例. **及川平治**：明石女子師範学校附属小学校（→「分団式動的教育法」）。 　**木下竹次**：奈良女子高等師範学校附属小学校（→「合科学習」）。 　**澤柳政太郎**：成城小学校（→「個性尊重の教育」）。 　**野口援太郎，野村芳兵衛**：池袋児童の村小学校（→児童の世紀社，「協働自治」）。 　**小原國芳**：玉川学園。 　**手塚岸衛**：千葉師範学校附属小学校。 　**羽仁もと子**：自由学園。 1914（大正3）年：第一次世界大戦（～1918年）。 1925（大正14）年：治安維持法公布。普通選挙法公布。ラジオ放送開始。 1930年代：**生活綴方**（→戦後新教育，無着成恭『山びこ学校』（1951年）へ）。
1940年代～ 戦争と教育	1939（昭和14）年：第二次世界大戦（～1945年）。 1941（昭和16）年：国民学校令（→「皇国ノ道」）。
1945年以降 戦後教育の 民主化の流れ	1945（昭和20）年：第二次世界大戦の終結。 1946（昭和21）年：米国教育使節団が来日，調査。教育改革に関する勧告。教育刷新委員会を中心に改革。新学習指導要領・一般編（試案）の発行。**修身の廃止，「社会科」を設置**（→子どもの生活経験を重視した**問題解決学習**を重視）。 1947（昭和22）年：教育基本法，学校教育法の制定。 1948（昭和23）年：教育委員会法（→公選制）。 1948（昭和23）年「コア・カリキュラム連盟」発足（→1953年に「日本生活教育連盟」に改称）。 1951（昭和26）年：**無着成恭**『山びこ学校』。 1957（昭和32）年：**東井義雄**『村を育てる学力』。

登場人物（教育思想家・実践家）および事項に関する一覧年表

1950 年代～ 逆コース， 教育の保守 化	1956（昭和 31）年：「地方教育行政の組織及び運営に関する法律」制定（→教育委員会が公選制から地方自治体の長による**任命制**に。教育に対する国の権限強化，教育行政の中央集権化）。 1958（昭和 33）年：学習指導要領改訂（→**系統学習**を重視した教科カリキュラム，**道徳**の特設。のち，学習指導要領は官報による告示へ）。
1960 年代～ 能力主義， 教育の現代 化	1963（昭和 38）年：経済審議会答申「経済発展における人的能力開発の課題と対策」（→ハイタレントを重視した，能力差に応じた教育の多様化を提言）。 1964（昭和 39）年：**勝田守一**『**能力と発達と学習**』。 1968（昭和 43）年：学習指導要領改訂（小），1969 年：学習指導要領改訂（中）（→教育内容を系統的，体系的，構造的に位置づけたものへと修正。「**教育の現代化**」。これにより，知識量が増加。画一化，「落ちこぼれ」問題，管理教育という問題が発生。…「ゆとり教育」へ）。 1971（昭和 46）年：中央教育審議会答申（四六答申）「今後における学校教育の総合的な拡充整備のための基本的施策について」（→教育の多様化を提言）。 1971（昭和 46）年：**堀尾輝久**『**現代教育の思想と構造**』（→公教育の国家独占を批判。「私事の組織化としての公教育」。国民の教育権）。
1970 年代後 半～ 新自由主 義・新保守 主義，ゆと り教育の時 代	1977（昭和 52）年：小・中で学習指導要領改訂告示：「**ゆとり**ある充実した学校生活」。 1984（昭和 59）年：**臨時教育審議会**設置法公布，**臨教審**発足（中曽根内閣）（→教育産業による自由競争と消費者主権の原理を唱える自由化・個性化論。「**個性重視の原則**」）。 1989（平成元）年：小・中で学習指導要領改訂告示（→自ら学ぶ関心・意欲・態度。小学校低学年に「生活科」。1991 年の指導要録改訂を経て，「**新しい学力観**」が浸透）。 1996（平成 8）年：第 15 期中央教育審議会が「21 世紀を展望した我が国の教育の在り方について」第一次答申（→「**生きる力**」の育成と「**ゆとり**」の確保）。 2000（平成 12）年：東京で初，品川区で学校選択制実施。 2000（平成 12）年：**矢野智司**『**自己変容という物語―生成・贈与・教育**』（→**生成としての教育**）。 2001（平成 13）年以降：習熟度別指導の登場と普及。 2002（平成 14）年：小・中新学習指導要領（1998 年に改訂告示）が完全実施（→**学校週 5 日制の完全実施，教育内容の大幅な削減，「総合的な学習の時間」の導入**）。 2002（平成 14）年以降：コミュニティ・スクールの実践。 2004（平成 16）年：**PISA** ショック（→ 2003 年の結果の公表）。 2006（平成 18）年：改正教育基本法成立。 2008（平成 20）年：小・中学習指導要領改訂告示（→**ゆとり**教育との決別，**コンピテンシーに基づいた教育，21 世紀型学力**へ）。

索　引

〈事項索引〉

あ行

明石女子師範学校附属小学校　147
アカデメイア　111
アクティブラーニング　182
旭川学力テスト事件　29, 32
遊び　72, 78-80
アメリカ教育使節団　152
イェール報告　114-118, 120
家永教科書裁判　29
生きる力　66, 179-182
池袋児童の村小学校　147
一般教育　109
『一般教育学』　23
イデア　111
遺伝説　88-89
意図的教育　3, 4
江戸時代　86
『エミール』　70
往来物　86
落ちこぼれ　175
恩物　78, 79

か行

学事奨励ニ関スル被仰出書　150
学習指導要領　66, 153, 155, 156, 168-182
学士力　121
学制　86, 150
学年制　19, 20
学力低下論争　179
かくれたカリキュラム　21, 42, 43, 45, 46,
　51, 58, 59
仮説実験授業　175
学校化　54, 55
学校教育法　152
『学校と社会』　137
学校令　150

カレッジ　123
川口プラン　156, 170
感覚主義　133
感覚論的経験論　136
環境説　88-89
『監獄の誕生─監視と処罰』　52
キー・コンピテンシー　180
義務教育　150
ギャラリー方式　20
旧教育　136
教育基本法　152
教育権論争　28, 29, 32-34
教育的タクト　23
教育内容の現代化　172
教育ニ関スル勅語（教育勅語）　151
『教育の過程』　172
教育の自由化　178
教科の系統性　171
教科の論理　159, 160
京都旭丘中学事件　29
協働　138, 140, 141, 147
協働自治　147
協同の精神　14
教養　107-109, 120-122
規律訓練　15, 53
規律の精神　12, 14
均衡化　93, 98
近代公教育制度　5, 14, 17, 26
ケア　186
経験　128, 129, 133, 136, 138, 141, 142,
　145, 147
経験学習　169
形式陶冶　120
系統学習　142, 169, 171
系統主義　142, 161
啓蒙思想　8, 10, 12
『啓蒙の弁証法』　17

事項索引

『ゲルトルートは如何にしてその子を教うるか（ゲルトルート児童教育法)』　73
権力　42, 46, 52, 53
コア・カリキュラム　156
コア・カリキュラム連盟　156, 170
合科学習　147
公教育の全般的組織に関する報告および法案　6
公共性　33, 35-40, 183
公共的　36
効率化　18, 20
国民国家　27, 33, 39
国民の教育権　28-30, 32-34, 36
個人主義　5, 8, 11, 12, 14, 20
五段階教授法　23
『国家』　110
国家の教育権　28, 29, 31-33
子ども観　65, 68
子ども（児童）中心主義　19, 21, 97, 99, 129, 139, 147, 169
子どもの家　81
『子どもの家の教育に適用された科学的教育学の方法（モンテッソーリ・メソッド)』　81
『〈子供〉の誕生』　67-69
子どもの発見　70, 71, 136
『子どもはもういない』　82
コンピテンシー　144, 180-182

さ行

再生産　48-50
産業革命　5-7, 17-19
三層四領域論　170
ジェネラル・エデュケイション　119
シカゴ大学附属小学校　137
仕事（occupation)　141, 147
私事の組織化　21
私塾　86
実験室学校　137, 140, 141
実験的経験論　136
実質陶冶　120
実物教授　74, 136, 137, 140
児童の世紀社　147

児童（子ども）中心主義→子ども（児童）中心主義
自発的服従　52, 53
事物主義　133, 136, 137, 140
市民革命　5, 7, 17
社会化　3
社会科　148, 155-157, 169
社会機能法　170
社会集団への愛着　12
十全的参加　143
自由テクスト　147
自由七科　112
主観的理性　16
主体的・対話的で深い学び　66
『シュタンツだより』　72
生涯学習　178
状況的認知　142, 144
自律　9-11, 13-17, 20, 56-57
思慮（プロネーシス)　112
新教育運動　21, 81, 97, 129, 136, 137, 140, 142, 147, 149
新自由主義　39, 40, 178
真正の学習　144, 145
進歩主義教育運動　137
『スクールホーム』　186
スコープシークエンス　170
生活指導　148, 161, 162
生活単元学習　170
生活綴方　99, 157, 161
生活による生活のための学校　147
生活の論理　159, 160
成城小学校　147
生成　99-104, 106
正統的周辺参加　143
生命の合一　76
生理的早産　88
『世界図絵』　132, 133, 135, 143
相互作用説　88-90
贈与　103

た行

大学共通第一次学力試験　176
『大教授学』　130, 131, 142

索　引

大正自由教育　137, 147, 151, 170
大正新教育　137, 147, 170
代表的提示　129
『脱学校の社会』　54, 174
タブラ・ラサ（白紙）　89, 136
他律　11, 14, 15
探求　138
小さな大人　68, 83
知識基盤社会　66, 177-178
直観教授　74, 136
定言命法　9, 12
TIMSS　177, 181
哲学的問答（ディアレクティケ）　111
手習塾　86
等級制　20
道具主義　137
道具的理性　15, 18
道徳の時間　162
『道徳教育論』　11
陶冶　114-116, 119, 120
徒弟制　3, 134, 143

な行

奈良女子高等師範学校附属小学校　147
21世紀型学力　182
『人間の教育』　75-77
『人間の条件』　37
『能力と発達と学習』　98

は行

発見学習　172-174
発達の最近接領域　95, 96
発達の弁証法　98
パノプティコン（一望監視施設）　52
藩校　86
非権力者　53
PISA　66, 180-181
PISA型学力　180-182
表象　128, 129, 131-135, 138-140, 142, 145
表象主義　143

輻輳説　88-90
普遍的知（エピステーメー）　111, 112
プラグマティズム　137
文化資本　48, 49
分団式動的教育法　147
ベル・ランカスター法　18
弁論・修辞学校　111, 112
本郷プラン　156

ま行

『民主主義と教育』　138
無意図的教育　3, 4
『村を育てる学力』　148, 159
メトーデ　72, 74
モニトリアル・システム（助教法）　18-20
モリル法　116
問題解決　137, 138, 140, 141, 144
問題解決学習　169-170

や行

『山びこ学校』　99, 148, 157, 161
『遊戯学校』　142
ゆとりと充実　176
養育　3
幼稚園　72, 75, 76
四段階教授法　23
四六答申　176, 178

ら行

螺旋型カリキュラム　173, 174
理性主義　8, 11, 12
リベラル・アーツ　107, 109, 110, 112-114, 116, 117, 119, 120
リベラル・アーツ・カレッジ　121
リベラル・エデュケイション　109, 115-119
臨時教育審議会　178
労作学校　147

〈人名索引〉

あ行

アップル, M.　46-48
アドルノ, T. W.　17
アリエス, P.　65, 67-69, 82-84, 100
アレント, H.　36, 38, 39, 183
イソクラテス　110-112
板倉聖宣　175
イリイチ, I.　15, 54, 55, 174
ウィギンズ, G.　145
ヴィゴツキー, L. S.　94-97
ウィルダースピン, S.　20
ウェンガー, E.　143
梅根悟　156, 170
エリオット, C. W.　117, 118
及川平治　147
オーエン, R.　5
大田堯　4, 91, 156
大西忠治　162
小原國芳　147

か行

海後宗臣　156
カイヨワ, R.　79
勝田守一　97-99, 103, 171
金森俊朗　148, 163-165
カント, I.　8-13, 56, 57
キケロ　112
木下竹次　147
ギリガン, C.　186
ケルシェンシュタイナー, G. M. A.　147
コスチューク, G. S.　98
小玉重夫　34-36
コメニウス, J. A.　129-132, 135, 136, 142, 145
ゴールトン, F.　88
コールバーグ, L.　186
コンドルセ, M. J. A. N., C.　6-8, 21, 29

さ行

佐藤学　65, 66, 99
サドカー, M.　50
澤柳政太郎　147
ジャクソン, P.　45
シュテルン, W.　89
ストウ, D.　20
ソクラテス　58

た行

高橋勝　82
ツィラー, T.　23
デカルト, R.　11, 129
手塚岸衛　147
デューイ, J.　3, 4, 36, 81, 129, 136, 137, 142, 145, 147, 154, 155, 166, 183
デュルケム, É.　11-14, 21, 131
東井義雄　148, 159-161, 164
遠山啓　171
ドクロリー, J.-O.　147
ドモラン, J. E.　147

な行

ニューマン, F. M.　144
野口援太郎　147
ノディングズ, N.　186
野村芳兵衛　147

は行

ハーシュ, E. D.　49
ハーバーマス, J.　36
羽仁もと子　147
ピアジェ, J.　92-94, 96, 98, 173
ビースタ, G. J. J.　183, 184
フーコー, M.　15, 52-54, 100
プラトン　110-112
フリードリヒ2世　10
ブルーナー, J. S.　172-174
ブルデュー, P.　48, 49

ブルーム, B. S.　124
フレイレ, P.　49
フレーベル, F. W. A.　71-78, 81
フレネ, C.　147
ベーコン, F.　129, 133, 136
ペスタロッチ, J. H.　71-74, 81, 136
ベル, A.　18, 19, 21
ヘルバルト, J. F.　23, 73
ベンサム, J.　52
ベンヤミン, W. B. S.　79, 84
ホイジンガ, J.　79
ポストマン, N.　82, 83
堀尾輝久　21, 29, 30, 96, 103
ホルクハイマー, M.　15, 16
ポルトマン, A.　88
ポロク, L. A.　83

ま行

マーティン, J. R.　186
マクタイ, J.　145
マン, H.　6
宮坂哲文　161
無着成恭　99, 148, 157, 158, 161

村井実　57
森有礼　150
モレンハウアー, K.　135
モンテッソーリ, M.　81

や行

矢野智司　80, 101-103
湯浅誠　34, 35, 40

ら行

ライン, W.　23
ランカスター, J.　18, 19, 21
ラングラン, P.　178
リーツ, H.　147
ルソー, J.-J.　11, 70, 71, 73, 81, 84, 136
ルペルティエ, L.-M.　7
レイヴ, J.　143
レディ, C.　147
ロック, J.　89, 136

わ行

ワトソン, J. B.　89, 97

教師のための教育学シリーズ
刊行にあたって

　学校教育の第一線を担っている教師たちは，現在，数々の大きな課題に直面しています。いじめ，不登校などの解決困難な教育課題への対応，主体的・協働的な学びへの期待，特別支援教育の充実，小学校外国語活動・英語の導入，道徳の教科化，ICT の活用などの新たな教育課題への対応，「チーム学校」への組織改革，保護者や地域住民との新しい協働関係の構築など課題が山積しています。

　本シリーズは，このような現代的な教育課題に対応できる専門性と指導力を備えた教師を育成するため，教職に関する理解を深めるとともに，その基盤となる教育学等の理論的知見を提供することを狙いとして企画されたものです。教師を目指す教職課程の学部生，大学院生，社会人などを主な対象としておりますが，単なる概説や基礎理論だけでなく，現代的な課題，発展的・専門的内容，最新の理論も取り込み，理論と実践の往還を図り，基礎から発展，応用への橋渡しを図ることを意図しています。

　本シリーズは，幼稚園，小学校，中学校，高等学校，特別支援学校など幅広く教員養成を行い，修士課程，教職大学院，博士課程を擁するわが国最大規模の教育研究機関であり，教育学研究の中核を担っている東京学芸大学の研究者教員により編まれました。教員有志により編集委員会をたちあげ，メンバーがそれぞれ各巻の編者となり，長期にわたり企画・編纂してまいりました。そして，本シリーズの趣旨に賛同いただいた学内外の気鋭の研究者の参画をえて，編者と執筆者が何度も議論を重ねながら一丸となってつくりあげたものです。

　優れた実践的指導力を備えた教師を目指す方々，教育学を深く学びたいと願う方々の期待に応え，わが国の教師教育の在り方において重要な道筋を示すものとなることを心から願っております。

　　　　「教師のための教育学シリーズ編集委員会」を代表して　佐々木 幸寿

【監修】教師のための教育学シリーズ編集委員会

【編著者】

古屋　恵太（ふるや　けいた）
東京学芸大学教育学部准教授
1972年生まれ。2002年，東京都立大学大学院人文科学研究科博士課程（教育学専攻）単位取得退学。東京学芸大学講師を経て2008年から現職。
（専攻）教育哲学・教育思想史
（主要著作）『教員養成を哲学する―教育哲学に何ができるか』（共編著，東信堂，2014），『教師を支える研修読本―就学前教育から教員養成まで』（共編著，ナカニシヤ出版，2014），「大恐慌期におけるジョン・デューイの『集合的』（collective）なものに関する考察」日本教育学会編『教育学研究』第80巻第1号（2013）

教師のための教育学シリーズ2
教育の哲学・歴史

2017年10月20日　第一版第一刷発行
2025年 1 月20日　第一版第九刷発行

編著者　古屋　恵太

発行者　田中　千津子	〒153-0064　東京都目黒区下目黒3-6-1	
	電話　03（3715）1501 ㈹	
発行所　株式 会社 学 文 社	FAX　03（3715）2012	
	https://www.gakubunsha.com	

©Keita FURUYA 2017　　　　　　　　　　　印刷　新灯印刷
乱丁・落丁の場合は本社でお取替えします。　　Printed in Japan
定価はカバーに表示。

ISBN 978-4-7620-2612-6

EDUCATIONAL STUDIES FOR TEACHERS SERIES

教師のための教育学シリーズ
＜全13巻＞

教師のための教育学シリーズ編集委員会　監修

優れた専門性と実践的指導力を備えた教師を育成するため，教育課程の概説のみならず，教育学の理論や知見を提供するテキストシリーズ。

〈本シリーズの特徴〉

・優れた専門性と指導力を備えた教師として必要とされる学校教育に関する知識を教育学の理論や知見に基づいてわかりやすく解説。
・単なる概説ではなく，現代的な課題，発展的・専門的内容など先導的内容も扱う。
・教育学の基礎理論に加え，最新の理論も取り込み，理論と実践の往還を図る。

❶ 新版 **教職総論** 教師のための教育理論　　大村 龍太郎・佐々木 幸寿 編著

❷ **教育の哲学・歴史**　　古屋 恵太 編著

❸ 新版 **学校法**　　佐々木 幸寿 編著

❹ **教育経営論**　　末松 裕基 編著

❺ **教育心理学**　　糸井 尚子・上淵 寿 編著

❻ **教育課程論** 第二版　　山田 雅彦 編著

❼ **教育方法と カリキュラム・マネジメント**　　高橋 純 編著

❽ **道徳教育論** 第二版　　齋藤 嘉則 編著

❾ **特別活動** 改訂二版 総合的な学習（探究）の時間とともに　　林 尚示 編著

❿ **生徒指導・進路指導** 第三版 理論と方法　　林 尚示・伊藤 秀樹 編著

⓫ **子どもと教育と社会**　　腰越 滋 編著

⓬ **教育実習論**　　櫻井 眞治・矢嶋 昭雄・宮内 卓也 編著

⓭ **教育方法とICT** ※第7巻を改編　　高橋 純 編著